10 PASOS PARA EMPEZAR A CORRER
ENCUENTRA TU RITMO Y TRANSFORMA TU VIDA CON EL RUNNING

ISMAEL ALLAGUI

10 PASOS PARA EMPEZAR A CORRER
ENCUENTRA TU RITMO Y TRANSFORMA TU VIDA CON EL RUNNING

ISMAEL ALLAGUI

10 pasos para empezar a correr
Encuentra tu ritmo y transforma tu vida con el running

Primera edición, 2025

© 2025 Ismael Allagui

© MARCOMBO, S.L. 2025
www.marcombo.com

Diseño de la cubierta: ENEDENÚ DISEÑO GRÁFICO
Maquetación: D. Márquez
Corrección: Haizea Beitia
Directora de producción: M.ª Rosa Castillo

ISBN: 978-84-267-3848-6
DL: B 16654-2024

Impreso en Arteos
Printed in Spain

Libro ecológico
Impreso con papel procedente de bosques gestionados de manera eficiente, libre de cloro.

*Vale más actuar exponiéndose a arrepentirse
de ello que arrepentirse de no haber hecho nada.*
Giovanni Boccaccio

No importa lo lento que vayas mientras no te detengas.
Confucio

Solo se vive una vez, pero si lo haces bien, una vez es suficiente.
Mae West

PRÓLOGO

Isma y yo somos amigos desde pequeños, nos conocemos desde hace más de quince años gracias al pueblo de su familia. En tantos años he podido ver de cerca su progreso hasta hoy día y no puedo estar más orgulloso de lo que ha conseguido y le queda por conseguir. Ha logrado ser un referente nacional en las redes sociales y en el mundo del running en España, pero a Isma no siempre le gustó el deporte.

De pequeño no estaba en muy buena forma física, pero en su adolescencia hubo algo que despertó en él: sabía que debía mejorar y que algunos de sus hábitos no eran los más adecuados.

Recuerdo aquel verano en el que Isma llegó al pueblo con un notable cambio físico; se había interesado por el deporte y había comenzado a correr y a ir al gimnasio unos meses atrás. Yo y mis amigos admiramos su cambio, pero también notamos que no solo fue un cambio superficial, sino también mental: se había interesado por el desarrollo personal, tenía una rutina estricta para el deporte y un control sobre lo que comía. Al principio era un mundo que nosotros, siendo adolescentes, no podíamos comprender, pero con el tiempo nos acostumbramos a ver al nuevo Isma.

Un año después hubo un segundo cambio, descubrió qué quería hacer en su vida. Lo que comenzó siendo un hábito, un método para estar en forma o para desconectarse del mundo se convirtió en su objetivo, en un modo de vida. El deporte le motivó a estudiar CAFYD y a interesarse profundamente en el atletismo.

Así es cómo se creó el Isma que hoy todos conocemos, que desde 2019 enseña en las redes sociales todo lo que ha aprendido. Hace un año quiso dar un salto más allá de las pantallas y, por eso, Isma ha decidido escribir este libro que tienes entre tus manos, en el que aprenderás cómo poder empezar a correr, cómo formar tu propia rutina y muchos otros consejos.

Por mi parte, agradecer a Isma por contar conmigo para elaborar este prólogo y por todos los momentos que hemos pasado juntos y los que nos quedan por vivir. Espero que el lector disfrute y aprenda mucho de Isma como yo he aprendido.

Daniel Fontaneda

AGRADECIMIENTOS

Gracias a ti que estás leyendo esto, sin ti esto no sería posible. Gracias a las personas que ven mis videos, me animan, me apoyan y dejan comentarios u opiniones preciosas y que me ayudan a mejorar. Gracias a mis entrenadores de atletismo y otros deportes (Mónica, Alex, Ramiro, Sergio, Manu, Aida). Gracias a David Morala por adentrarme en este mundo del running, sin ti creo que este libro no existiría. Gracias a las personas que no creían en mí y cuya opinión ha ido cambiando al ver mi trabajo. Gracias a mis profesores del ERASMUS (Paul y Roy) por ayudarme y motivarme a acabar este libro y a las personas que he conocido en esta etapa de mi vida. Gracias a todos mis compañeros de entreno y a otros compañeros de otros deportes que han pasado por mi vida. Gracias a mis amigos íntimos de Madrid, de Alar del Rey, de Sabinillas, de Málaga... Gracias a compañeros y amigos de redes sociales. Gracias a todos los que habéis estado, estáis y estaréis. Gracias a mis máximos apoyos que han estado siempre y que ahí siguen, mi familia. Mamá, tías, papá, gracias por no haberme fallado nunca, sois lo mejor. Primos, primas, tío, tía, gracias.

Rodri, Dani, Antonio, un apartado un poco más especial: gracias, me habéis ayudado mucho.

Y finalmente, gracias a mí. Gracias por confiar en ti Isma, el camino tiene altibajos y no siempre es sencillo, así que gracias por tu optimismo, tus ganas, tu ilusión, tu esfuerzo, tu trabajo... Gracias de corazón.

TABLA DE CONTENIDOS

ALERTAS

Antes de que empieces a leer, me veo en la obligación de hacerte conocer algo importante: este libro lo he creado con toda la buena intención y confío en que con el podrás comenzar a correr. Soy estudiante en ciencias de la actividad física y del deporte y llevo haciendo atletismo a buen nivel desde 2020 (10K en 31'53"); el único objetivo de todo lo que he escrito es que consigas tu propósito de empezar a correr, siempre cuidando de tu salud.

Para ello, he aplicado aquí todos mis conocimientos adquiridos en estos años junto a principios científicos y, para demostrarte la importancia que le doy a tu salud física, más adelante te informaré de lo terrible que son las lesiones.

Dicho esto, **en este libro NO vas a leer ninguna pauta que vaya en contra de tu salud, estado físico o mental, sino todo lo contrario.** Todo está planteado para que mejores tu salud, tu estado de forma y para desarrollarte personal, física y mentalmente. Asimismo, aunque este libro no contenga ningún peligro para la mayoría de las personas, hay ciertas excepciones.

Hay grupos de personas que sí deben tener cuidado, y ahora te explicaré a qué grupos me refiero. Si te encuentras en alguno de ellos, sería mejor no empezar a leer este libro ni empezar a correr sin antes acudir a un médico o a un especialista, para asegurarte de que todo está bien y de que puedes empezar con este proceso.

Estos grupos de personas son:

- **Personas con sobrepeso u obesidad:** el running es una actividad física donde se produce mucho impacto, y este es un impacto agresivo con el suelo zancada tras zancada. Por tanto, el peligro de tener sobrepeso es que las articulaciones, sobre todo rodilla y tobillo, los ligamentos o los tendones pueden sufrir y pueden surgir problemas o lesiones que serán difíciles de solventar en un futuro. Si tuvieses sobrepeso, antes de empezar a correr, te recomiendo ir a un especialista y, desde mi conocimiento, te aconsejaría realizar otro tipo de ejercicio o actividad física sin tanto impacto, como sería caminar o montar en bici, hasta que bajes un poco tu peso. Así, cuando ya estés en una talla más apropiada para el running, podrás empezar a leer este libro y a correr.

Por cierto, si estás en este grupo no te desanimes (yo también pasé por aquí), el paso que acabas de dar teniendo este libro en tus manos ya es muy importante y es algo que dice mucho de ti, porque demuestra que quieres empezar a cambiar tu físico, a desarrollarte y crecer personalmente. ¡Ve poco a poco y pronto podrás seguir leyendo! Aun así, lo dicho, estas son pautas generales, si vas a un especialista y te dice que puedes empezar, ¡a por ello!

- **Personas con dolores o lesiones:** te digo lo mismo, hay muchas personas que llevan con algún dolor mucho tiempo y nunca han ido a un fisioterapeuta o a un especialista. Si este es tu caso, si estás pasando por una lesión o estás recuperándote de alguna, es mejor que te recuperes al 100 % y que primero acabes con todos los dolores extraños, para después poder aplicar los consejos que leerás aquí y salir a correr sin problemas. Hay muchas veces que tenemos dolores y pensamos que puede ser normal, pero quiero hacerte saber que **lo normal o natural es no tener ningún dolor o molestia**, por lo que, si tienes alguno, ten cuidado, por favor (corriendo se puede agravar), y asegúrate de que puedes empezar a correr.

- **Personas de riesgo o con patologías:** me vas a perdonar por mi ignorancia en el campo de la medicina, pero si tuvieses cualquier patología o enfermedad, ya sea cardiaca, respiratoria, sanguínea (anemia), ya sea de temas relacionados con la diabetes o algún otro tipo de patología, te pido que, antes de empezar, acudas de nuevo al médico para saber dónde están tus límites y saber exactamente qué puedes hacer y qué no.

Este libro está pensado para la gran mayoría de la población. Con él podrás empezar a correr. Pero si estuvieses en algún grupo de los mencionados o en alguna situación similar, lo primero que tienes que hacer es ponerte en manos de un especialista que te diga lo que puedes hacer y lo que no para poder empezar.

Por el libro, no tengas miedo, te iré repitiendo bastantes veces qué hacer y qué no hacer para que tu salud nunca se vea afectada; es más, con este libro **mejorarás tu salud y también te alejarás al máximo posible de cualquier lesión, sobreentrenamiento o problemas similares.**

Ahora sí, ¡¡**PODEMOS EMPEZAR**!!

CORRER ≠ SUFRIR

1

CORRER ≠ SUFRIR

Antes de empezar a correr, hay que dejar claro este concepto. Muchas personas no empiezan o no salen a correr porque piensan que van a sufrir muchísimo. **Esto es mentira,** y más al empezar. No te sorprendas por leer esto, confía en mí.

Desde mi punto de vista, el ser humano es una unión de cuerpo y mente, y no podemos separar estos dos conceptos, por lo que trabajar la mente también es importante para empezar a correr. Por ello, **en este paso, hablaremos del tema mental, para romper esquemas y crear creencias y pensamientos que te ayuden y motiven para empezar a correr.**

Las personas funcionamos en dos direcciones: una en busca del placer y otra alejándonos del dolor. Esto explica por qué tantísima gente prefiere quedarse en casa viendo una serie, comiendo helado… ("placer" y, sí, lo pongo entre comillas, ya que es un placer ficticio) a salir a correr ("dolor").

Otra tendencia de la sociedad actual, que se combina y retroalimenta con lo que acabo de comentar, es el mirar únicamente a corto plazo. Vivimos en una sociedad en la que **queremos el todo YA, sobre todo el placer.** Siendo realistas, si nos fijamos solo en el aquí y en el ahora, lo más probable es que sea más placentero quedarse en casa viendo la tele que salir a correr.

Si lo que acabas de leer te ha parecido razonable, ¡tranquilo/a! Es muy normal y poco a poco cambiaremos esta forma de pensar, ya lo verás. Pero si tu pensamiento ha sido al revés, ¡enhorabuena! Tienes ya mucho ganado.

Ahora bien, aprender a mirar a largo plazo y hacia el futuro es un consejo que te recomiendo aplicar, y es algo que, a mí, personalmente, me cambió la vida. Y este consejo no es solo para el deporte, sino que, si lo aplicas en tu vida, te garantizo que te irá genial, ya que la gratificación instantánea te produce placer inmediato y te calma el estrés instantáneo, pero no te lleva a ningún lado. Lo repito: **la gratificación instantánea no te lleva a ningún lado.** En cambio, hacer cosas que te hagan salir de tu zona de confort y que sean complicadas es una de las claves del desarrollo personal para conseguir tus objetivos y llegar lejos en la vida.

Piensa lo siguiente: **si repites lo que estás haciendo ahora** (zona de confort), no vas a evolucionar en tu vida, **vas a conseguir los mismos resultados que estás consiguiendo en este momento.** En cambio, si haces algo que se salga de tu zona de confort (p. ej. empezar a correr), hasta que te acostumbres a ese nuevo estímulo irás creciendo, consiguiendo nuevos y mejores resultados y estarás evolucionando como persona. Y, como a mí me gusta pensar, estarás subiendo un nivel en la vida. Además, si empiezas a correr no será solo uno, ¡serán varios!

Ejemplos de gratificación instantánea: comer bollería, helados y demás productos no saludables en repetidas ocasiones, salir muchos días de fiesta, estar mucho tiempo en redes sociales, estar rodeado de personas que no te aportan mucho pero a las que te sientes atado por presión social, fumar y beber alcohol de forma continuada y frecuente... TODO esto son cosas que en el momento te hacen sentir muy bien y suben tu felicidad en forma de pico, pero después tu bienestar desciende rápidamente, haciendo así que tu felicidad global baje.

*Ejemplos de gratificación NO instantánea: leer, hacer deporte, aprender algo nuevo, conocer a nuevas personas que te enseñen o ayuden a mejorar, involucrarte en proyectos personales (escribir, grabar contenido, cantar, tocar algún instrumento, viajar, crear algún curso o producto...). Son cosas que en el momento de hacer-las no siempre apetecen y a veces para completarlas hay que salir de tu zona de confort, pero a largo plazo hacen que tu felicidad global aumente y evoluciones como persona.

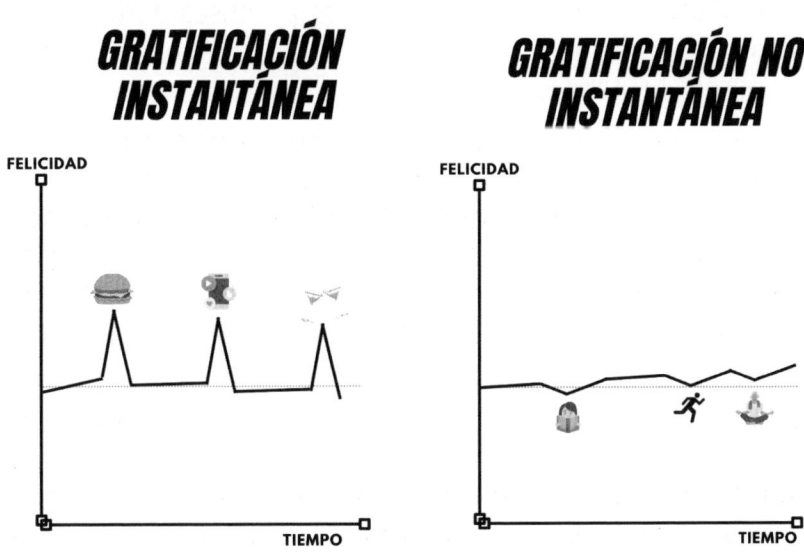

A corto plazo da más placer quedarse en casa, pero, a largo plazo, te prometo que da muchísimo más placer salir a correr, ya que gracias a ello mantendrás un cuerpo bonito (algo que da un enorme placer), te gustarás más cuando te mires al espejo, te querrás más, te ahorrarás el dolor de muchas enfermedades, de tener una baja autoestima... Por lo que aprender a mirar a largo plazo y asociar el correr al placer es una enorme zancada hacia nuestro objetivo de empezar a hacer running. En mi caso, no te voy a mentir, tardé bastante en cogerle cariño a correr y me costaba bastante salir de forma continua, pero, **gracias a salir de mi zona de confort y conseguir construir ese hábito de correr, mi vida cambió**. Ahora, de lo que más disfruto en mi día a día es de mi rato de salir a entrenar. Gracias a este deporte estoy escribiendo este libro y estamos creando una gran comunidad por redes sociales (@ismanon). Y, ¿sabes qué? Que nada de esto hubiese pasado si al tercer día que me tocase correr me hubiese quedado en casa viendo vídeos de YouTube y comiendo patatas fritas en busca de un placer instantáneo. Y, ¡buah!, no sé qué pensarás, pero a mí esta idea me parece brutal.

Obviamente, si nunca has corrido, **al correr por primera vez te vas a cansar**, eso es cierto, pero hay que empezar entendiendo que **no es necesario sufrir ni llegar a un cansancio extremo**. Cuando vamos a empezar a correr, algo importante que debemos saber es que lo mejor es olvidarnos del ritmo al que vamos y centrarnos en correr por tiempo y por sensaciones.

Tampoco es necesario correr rápido al principio o exigirte más de la cuenta, sino que, en este caso, ocurre todo lo contrario. **Cuanto más lento empecemos y menos suframos, antes vamos a conseguir incluir el hábito de salir a correr** en nuestras vidas y antes nos empezará a gustar, pasando de ser algo doloroso y que nos produzca sufrimiento a algo que nos produzca placer y sea una alternativa para nuestras vidas.

Ese momento de salir a correr se va a convertir en esa parcela de nuestro día a día en la que podamos desconectar, superar el estrés, olvidarnos de problemas... Y ser un poco o mucho más felices.

Correr es un deporte que requiere de un esfuerzo tanto físico como mental, pero, lo dicho, con estos pasos lo que buscamos es empezar a correr, y empezar es empezar, **ya habrá tiempo para mejorar nuestros ritmos y nuestras marcas.** Lo que nos interesa ahora es **EMPEZAR** y, al cabo de algún mes, poder salir a correr sin problema alguno de forma habitual y disfrutando de este deporte.

¿Por qué las personas piensan que correr está vinculado a sufrir o es aburrido?

Realmente, esta es una creencia que nos han inculcado desde pequeños. Déjame hacerte una pregunta: cuando te portabas mal en educación física ¿qué te indicaba el profesor que hicieras? Supongo que correr y, en parte, de aquí viene pensar que correr es como un castigo. Por esto también hay muchas personas que ven este ejercicio como algo negativo, aburrido o muy cansado, cuando, si te animas a probarlo, verás que es todo lo contrario. Un posible castigo que habría que aplicar en vez de mandar al alumno a correr es sentar a la persona que se porta mal, privándola de participar en la clase y de hacer actividad física. De esta forma, quizás, estar sentados nos parecería algo negativo y molesto y así todo el mundo se movería más, lo que daría como resultado una sociedad con mucha más vitalidad y sin tantas enfermedades.

También se piensa que correr está vinculado a sufrir por lo que veníamos señalando, que las personas quieren empezar corriendo rápido, y esto es algo contraproducente. Otro error que vamos a evitar es salir como locos el primer día. Conozco ejemplos de personas que el primer día que salieron a correr decidieron salir una hora o incluso más, para ver cuánto podía aguantar su cuerpo. Te imaginas el resultado, ¿no? Al día siguiente estaban llenos de agujetas, las cuales duraron toda la semana, y eso hizo que automáticamente correr se asociara a un estado de sufrimiento. Si el primer día sales a correr hasta reventar, te saldrán agujetas para unos cuantos días; entonces no querrás volver a correr porque pensarás que eso te pasará siempre que corras y asociarás correr con algo doloroso o negativo.

Las personas también tenemos nuestras creencias y actuamos según ellas. Imagínate que oyes las palabras "segundo de bachillerato". Seguramente tus creencias o pensamientos te digan que ha sido o que será un curso muy duro, en el que hay que estudiar mucho y en el que vas a sufrir. Esto es así por nuestras creencias y por las creencias que ha establecido la sociedad. Cuando realmente, en este caso, si estudias de forma diaria y llevas las cosas al día, es otro curso normal y corriente con un examen final importante, pero sin ser mucho más complejo que otros. **Al fin y al cabo, somos creencias. Si piensas que hay algo que no puedes hacer, te aseguro que no lo harás; en cambio, si crees que puedes conseguir algo, aunque siempre existe la posibilidad de que no lo logres, vas a hacer todo lo posible por conseguirlo, y lo más probable es que sí alcances tu objetivo.** Con correr pasa algo similar: si piensas que es doloroso o que no te gusta, será muy difícil que consigas empezar a correr; en cambio, si piensas que puede ser divertido, que puede aportar muchas cosas a tu vida y que vas a conseguir empezar a correr, estoy seguro de que así será. Además, algo que también es muy importante y quiero que sepas es que **aquello en lo que te centras o en lo que más piensas, eso es lo que se hace grande.** Es decir, si piensas que correr es aburrido y doloroso, este pensamiento se irá haciendo cada vez más grande y te costará mucho empezar. En cambio, si piensas que correr es un deporte "muy top" y una gran alternativa para tu vida, cada vez empezarás a verlo mejor y conseguirás identificar más beneficios, lo que hará que empezar a correr sea mucho más sencillo.

Mi objetivo en este primer paso es que rompas la creencia de que correr es igual a sufrir. Espero que después de haber leído todo este primer capítulo ya hayas roto esta creencia y, aunque no te haya acabado de convencer al 100 % de que correr es igual a disfrutar y a pasártelo increíblemente bien (cosa que es cierta), **me vale con que hayas entendido y aceptado que para empezar a correr no es necesario sufrir ni morir de cansancio** cada vez que vayas a hacerlo.

Ahora me apetece contarte tanto alguna experiencia propia como algún beneficio de correr **para que empieces a construir la creencia de que correr puede resultar algo bonito y que puede cambiar tu vida para bien.**

- Correr te ayudará a bajar de peso. En mi caso, gracias al running bajé 14 kilos en 5 meses: pasé de estar con un ligero sobrepeso, con el que no acababa de quererme, a un peso saludable con el que estaba a gusto conmigo mismo.

- Te puede ayudar a afianzar tus relaciones tanto con amigos como con familiares. Mi padre y yo compartimos el hobby del running y es muy divertido y gratificante cuando salimos juntos a correr o cuando nos enviamos las carreras que hemos hecho por WhatsApp. Y también con mi madre y con mis tías he mejorado la relación, ya que ellas vienen a verme y a animarme en todas mis carreras y lo pasamos genial juntos.

- La comunidad runner es INCREÍBLE. Cualquier persona dentro de este mundo que te cruces te animará, te ayudará, se portará genial contigo y es probable que hagas muchos amigos y buenas relaciones. Y fíjate, te reto a algo: cuando salgas a correr, te animo a que, si te cruzas a otro runner, aunque no le conozcas de nada, aunque sea mucho más mayor que tú o mucho más pequeño, te animo a que le saludes o le lances una sonrisa, te garantizo que el 95 % de las personas te devolverán el gesto. Esto será algo muy gratificante y que te animará en tus carreras. A mí, personalmente, me encanta hacerlo, porque creo que en esta sociedad algo que estamos perdiendo es la acción de sonreír o de saludar y, en momentos así, donde las personas van algo cansadas y se necesita motivación, sonreír no cuesta nada y son todo beneficios. Fíjate, para ser un deporte individual, el running es donde más amigos y más sensación de grupo o equipo he tenido comparado con muchos otros deportes que he practicado en mi vida.

- Correr te evade parcial o totalmente de tus problemas durante el rato en el que estás realizando la actividad. A mí me salva la vida y es de los momentos donde más tranquilo, feliz y liberado me siento.

- Mejorará tu claridad mental. ¿Alguna vez te ha pasado que estabas muy frustrado con algo en especial, has salido a dar una vuelta o te has ido a dormir y al día siguiente has podido solventar ese problema sin prácticamente inmutarte? Esto también sucede con el running, y es que, después de volver de correr, cualquier problema que tuvieses va a ser mucho menor, te lo prometo. A mí me pasa, a veces necesito tomar una decisión importante o estoy intentando solventar un problema y me cuesta hallar una solución, pero me subo a la cinta y, al acabar, además de que me siento mejor, resuelvo el problema rápidamente.

- Supongo que todo lo que te voy a comentar ahora te suena o ya lo sabes, pero, gracias a este ejercicio, mejorará tu sistema inmunológico; reducirás la probabilidad de sufrir enfermedades, así como el estrés, la ansiedad y la depresión; mejorará tu bienestar, tu estado de ánimo, tu autoconcepto y tu autoestima; tus órganos como el corazón, los pulmones, el hígado, el páncreas... funcionarán y trabajarán mejor; tu piel mejorará; tus huesos, tendones y articulaciones se fortalecerán... Y así podría estar muuucho tiempo, pero creo que ya se ha entendido. La lista es interminable.

- Vas a sentirte libre. Hasta que no corres no entiendes la libertad y lo bonito que es llegar a un sitio cerca de tu casa que te encanta y al que, por pereza, no solías ir. Cuando vas corriendo tardas muchísimo menos que andando y puedes ir a sitios que te encantan.

- También puedes cambiar de ruta todos los días si te lo propones, por lo que correr no tiene que ser algo monótono, ni tienes que salir siempre por las mismas rutas. El ser humano es un ser de rutinas y cuando nos gusta una ruta tendemos a repetirla y repetirla, pero, si nos lo proponemos, podemos incluso cambiar una simple calle en nuestra ruta habitual y, de esta forma, ver cómo, por simple que parezca, la carrera cambia. Así te divertirás un pequeño porcentaje más que otros días y en la siguiente ocasión que vayas a salir querrás cambiar otra vez de calle o girar por otro sitio y conocer lugares nuevos cerca de donde vives. Además, piensa que hay miles de sitios para correr, puedes ir a algún parque cerca de casa, pero también puedes correr por otras ciudades, países, en el pueblo, montaña, playa, en la cinta...

¿Qué más te puedo decir? Correr tiene muchas ventajas, pero el problema es que no las descubrimos hasta que nos ponemos a practicarlo. He de confesar que yo al principio veía pocas de estas ventajas, pero una vez entras en este mundo, las empiezas a experimentar todas, y cuanto más tiempo llevas con el hábito de correr, más beneficios vas descubriendo y experimentando. De hecho, en mi caso, correr pasó de ser un deporte más que no me gustaba en educación física a mi hobby favorito y mi mayor pasión.

Para ser aún más pesado, quiero decirte que hay un término algo abstracto, pero también científico, que es la euforia del corredor. La "euforia del corredor" es un término que hace referencia a una sensación de bienestar, felicidad y euforia que muchas personas experimentan después de realizar ejercicio físico como, por ejemplo, correr. Nuestro cuerpo está regulado en muchos aspectos por las hormonas, y esta sensación que sentimos al correr se debe a la liberación de algunas hormonas como, por ejemplo, las endorfinas, que actúan como analgésicos naturales y generadores de sensaciones placenteras.

Estas endorfinas son las que generan una sensación de euforia, alivian el dolor y ayudan a reducir el estrés y la ansiedad.

La "euforia del corredor" suele describirse como una sensación de "subidón" o "bienestar" que suele durar un tiempo incluso después de terminar nuestro entrenamiento.

Por último, quiero mencionar algo que el running hace y que también nos suele gustar a todos: el reconocimiento. En cierto modo, este punto que te voy a contar puede sonar algo egoísta, pero si tu intención no es presumir, no hay problema. Como se ha dicho, a la mayoría nos gusta sentirnos reconocidos y que se hable de nosotros de forma positiva, así que disfruta de ello, pero no presumas en exceso. Y es que no sabes lo bien que sienta que, cuando estás en una comida familiar, de amigos o en un grupo en el que está alguna persona que te atrae, se empiece a hablar sobre el tema del deporte y tú puedas decir que corres, o incluso que las personas que saben que corres te pregunten cómo vas, cómo son tus entrenamientos o qué carreras has hecho y harás. Este tema es algo por lo que la gente suele preguntar y estar interesada. De hecho, hay veces que, cuando salgo con algún amigo, la primera pregunta que me hace al vernos es: ¿Cuántos kilómetros llevas hoy? O ¿cuántos kilómetros has hecho esta mañana? Y seamos sinceros, a todos nos gusta presumir ligeramente de nuestros logros o de nuestros hábitos que son considerados positivos y que nos ayudan a ser una mejor persona y una persona más saludable.

RESUMEN

- Debes pensar que correr no produce dolor, sino placer.

- Si haces las cosas bien, correr te va a encantar y no vas a tener que sufrir o cansarte en exceso.

- Para empezar a correr no es necesario ir agonizando en los entrenamientos.

- Corriendo lento y divirtiéndote se puede empezar a correr y mejorar mucho.

- Aunque al principio cueste, cuando adquieres el hábito, correr se convierte en un deporte muy divertido y con muchísimos beneficios.

- Correr mejora tu estado de humor; regula tu peso; reduce tu estrés, ansiedad y depresión; mejora tu autoestima, tu salud, tu bienestar...

IDEA DEL CAPÍTULO PARA LLEVAR A LA PRÁCTICA

Un día que salgas a correr, prueba a saludar o a sonreír a algún runner que te cruces y que te mire, verás como te devuelve el saludo o la sonrisa. Esto te tiene que demostrar que correr es igual a felicidad, porque estoy casi seguro de que si vas caminando o si estas en el metro y saludas a alguien o le sonríes, probablemente te mire de mala manera. En cambio, si pruebas con un runner, verás que te devuelve la sonrisa, y eso es porque **correr produce felicidad.**

PASITO A PASO 👣👣

INGEBRIGTSEN
PARIS

"...'LL **NOT BE 100% SATISFIED**
...**BECOME THE FASTEST EVER**"

2

NO TENGAS PRISA

Quemar procesos muy rápido es otro fallo y otro problema que debemos evitar. Volvemos a un concepto relacionado con el primer capítulo, y es que el ser humano es bastante impaciente y queremos todo ya y cuanto antes llegue mejor. Esto es algo que nos suele perjudicar y que nos fastidia o lastima.

Cuando empezamos a correr, hay impacientes que lo que quieren es mejorar o poder correr ya una carrera de 10 km, o incluso directamente pasar a intentar preparar un maratón (42 km). Menuda locura, ¿no? Pues mucha gente lo hace y esto lo debemos evitar a toda costa. **Así que hazme el favor y no seas uno de estos locos/as.**

Sé y te confirmo de antemano que, si empiezas a correr y le coges el gusto, tu cabeza rápidamente se irá a pensar en objetivos grandes y ambiciosos, es normal, pero, ¡ey!, si quieres llegar a conseguir esos objetivos, algo importantísimo es tener calma e ir paso a paso. ¿Confías en mí?

¿No te ha pasado alguna vez que te compras un juego al que tenías muchas ganas de jugar y, en cuanto te llega, juegas tres días de seguido 8 horas y al cuarto ya estás harto? Con el running puede pasar algo parecido. Y es que, cuando estamos empezando a correr, al acabar un entrenamiento **es incluso mejor quedarte con ganas de haber corrido un poco más.**

Es bueno pensar que no estás del todo cansado e incluso que podrías haber apretado un poco más. Sentir todo esto es mucho mejor que salir y las primeras semanas acabar todos los entrenamientos con el cuerpo destrozado.

Hay una frase muy buena y que se puede aplicar perfectamente a esta actividad: **"tenemos que aprender a no acabar".**

Este ejemplo también lo podemos ver y vincular con Netflix. Cuando empiezas una serie, te prometo que es mejor si ves cada día un capítulo y no si te ves en dos días toda la serie. Si lo haces de la primera forma y te repartes los capítulos (uno al día), vas a tener ganas de que llegue el momento de ver tu capítulo diario e incluso, durante el tiempo que te dure esa serie, tendrás ganas de verla y será, por así decirlo, una recompensa diaria con la que disfrutarás más los días. Así, tu felicidad hasta que acabe la serie se alargará. En cambio, si ves toda la serie en dos días (gratificación instantánea), vas a ser muy muy feliz, pero esa felicidad solo durará dos días, y **te garantizo que una vida más feliz y con más abundancia es una vida en la que la felicidad/satisfacción es constante y en la que todos los días tienes tu dosis de felicidad (aunque sea pequeña) y no cuando la felicidad va y viene en forma de picos.**

En este sentido, otra idea que te quiero transmitir y que te ayudará a potenciar tu vida y crecimiento personal es que tenemos que:

Aprender a ir en busca de la satisfacción y no tanto de la felicidad.

Vivimos en una sociedad en la que buscamos ansiosamente y vamos siempre detrás de la felicidad: vamos en busca de fiestas, de ver series rápido, de comer mal... Cuando, aunque de vez en cuando esos caprichos estén bien y se pueden permitir, una vida más feliz y plena a largo plazo es cuando buscas la satisfacción. La satisfacción de tener un cuerpo saludable y bonito, de conseguir tus objetivos... Y esto se logra entrenando, leyendo, creando...

Con relación a todo esto que te estoy contando, lo mismo pasa al correr. Imagínate que el primer día que sales a correr llevas el móvil y te pones alguna aplicación y al acabar ves que has hecho 4 km pero has acabado muy cansado, fatigado, con posibles agujetas y pocas ganas de volver a correr. Pues, en este caso, hubiese sido mucho mejor haber hecho solo uno o dos kilómetros para ir superándote día tras día e ir pasito a pasito y que te queden ganas de volver a salir a correr el próximo día.

Cuando hablo de no tener prisa, no solo hablo de distancia, también me refiero al ritmo. Cuando vayamos a empezar a correr, si nuestro objetivo es empezar a correr de verdad y adquirir ese hábito, tenemos que salir a correr LENTO. **Y me atrevería a decir que cuanto más lento mejor.** Si sales a correr lento, no te cansas tanto y vas apreciando los beneficios y lo bien que te sienta correr; de esta forma cada vez te irá gustando más y más. **Ya habrá tiempo de mejorar cuando hayamos cogido el hábito de correr** de forma semanal e incluso diaria, pero ahora, que lo que vamos a hacer es empezar desde cero, es mejor salir despacio y disfrutar de lo que hacemos a salir como pollo sin cabeza y cogerle odio a este deporte en la primera semana.

La razón más importante de no salir rápido al principio es aprender a disfrutar de correr y no verlo como una tortura.

Otra razón muy importante relacionada con el no querer quemar procesos muy rápido son las lesiones.

Seguro que si el primer día te ha gustado la sensación de correr y has sentido que podías haber ido mucho más rápido, al día siguiente querrás aumentar la velocidad y el tiempo, y tras una semana ya estarás pensando en correr tu primer maratón. **¡MAL!**

Volvamos a utilizar la comparación con la serie. Si en dos días te acabas una serie entera, en cuanto se termina, ¿cómo te sientes?, ¿puede que te duela la cabeza de ver tantas horas la televisión? O igual te entra el remordimiento y te preguntas por qué no la has visto más despacio para haberla disfrutado más. Aquí pasa lo mismo. Si al tercer día ya quieres correr un maratón, lo más probable es que llegue una LESIÓN **(de lo peor en el deporte).** Si te llega una lesión medianamente grave en la primera semana de empezar a correr, puede que esta te impida correr al 100 % en varios meses. Además de no poder correr bien, todo el avance que hayas obtenido esa primera semana se irá al traste. Es más, lo más probable es que al volver a empezar estés peor que el primer día, tanto física como mentalmente, ya que puede que el dolor siga ahí o puede que te dé miedo pisar de cierta forma por la lesión.

Por todo esto, si no realizas el proceso de forma correcta, o si quieres avanzar muy rápido y te lesionas de gravedad, te pondrás en una situación en la que no volverás a poder correr perfectamente hasta el séptimo u octavo mes (o más). Tu primera "maratón" no la correrás hasta el segundo o tercer año (si consigues correrla, ya que si vienes de una lesión no será fácil).

En cambio, si empiezas tranquilo, saliendo a correr despacio, si cada vez que salgas a correr vas aumentando un poco el tiempo o el ritmo, pero poco, sin llegar a cansarte en exceso, si empiezas pensando en hacer tu primera carrera de 5 km, después de 10 km... es mucho menos probable que te lesiones, le cogerás el gusto a correr y **salir a correr no será un sufrimiento, sino una diversión**. A los tres meses igual ya puedes correr bastante tiempo de seguido, y al sexto/séptimo puedes empezar a plantearte intentar hacer una media maratón, e igual al año o año y medio acabas consiguiendo acabar tus primeros 42 km. ¡Bravo!

Para ejemplificar mucho mejor todo lo que te he explicado vamos a ver una comparación entre una persona A (errónea) y una persona B (acertada). La persona A es una persona que quiere avanzar muy rápido, y aunque se ve con fuerzas y le apetece correr más, ha querido quemar procesos muy rápido y ha sido muy impaciente. Tras una semana ya se ha apuntado a una carrera de 10 km, está saliendo a correr todos los días y cada día aumenta mucho el tiempo del entrenamiento. Todo esto ha hecho que en esa misma carrera de 10 km se haya lesionado de gravedad en la rodilla. Por lo que sus acciones le han llevado a estar mucho tiempo lesionado, inactivo, sin poder correr y su objetivo del maratón se ha postpuesto hasta el segundo o tercer año desde el primer día que salió a correr, y eso si le quedan ganas de volver a intentarlo, ya que, después de todo lo que ha pasado en la lesión (operaciones, recaídas...), es probable que correr le traiga malos recuerdos y le falte motivación para conseguir su objetivo.

En cambio, la segunda persona o persona B ha empezado a correr de forma más calmada, disfrutando de lo que hacía. No le ha hecho falta pegarse palizas ni llegar a cansarse en exceso, ha cogido el hábito de salir a correr de forma semanal, sin tener que pensarlo mucho y, cuando ya se ha visto capacitada, ha aumentado e incrementado un poco la intensidad y volumen de sus entrenamientos para, al cabo de un año y medio, conseguir acabar su primera maratón amando este deporte.

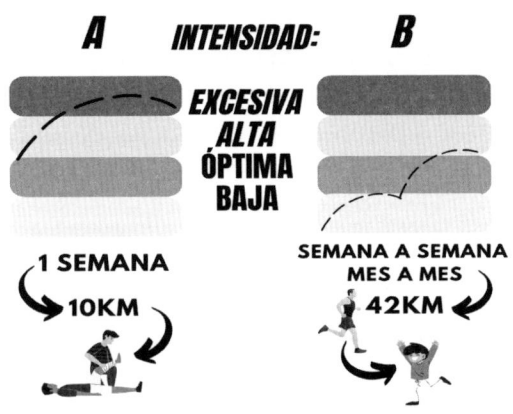

Me he dado cuenta de que en estos párrafos estoy repitiendo mucho la palabra maratón, y es que creo que todo runner tiene el sueño de acabar un maratón algún día. Aun así, esto no es necesario, o tu objetivo no tiene por qué ser acabar esta distancia, sino que, ahora mismo, tu mayor objetivo debe ser empezar a correr y, cuando lo consigas, ya decidirás si quieres intentar esta prueba tan exigente o si prefieres seguir mejorando y hacerte un especialista en una distancia. Por ejemplo, en mi caso, prefiero seguir mejorando y aumentando mi rendimiento en las carreras de 10 y 5 km y no en preparar un maratón. Así que, aunque lo repita, no te veas obligado o no pienses que llegar a hacer esta prueba (maratón) es lo máximo en el running, **hay muchas más opciones y todas son geniales.**

Más adelante veremos que vamos a empezar corriendo por tiempo y me gustaría que siguieras al pie de la letra estas ideas que te he ido comentando. Cuando empieces a correr, si me permites darte un consejo, me gustaría que empezases a correr con un amigo/a. En el caso de no conseguir convencer a nadie (él/ella se lo pierde), al menos te pido que te imagines que sales con un amigo/a y, cuando empieces a correr, pienses que podrías hablar bien con él/ella, o que podrías tener una conversación fluida durante el entrenamiento. Es decir, cuando empieces a correr, deberías de poder ir manteniendo una conversación, **no es necesario ni tienes que ir jadeando sin poder decir ni una palabra.**

Salir a correr es construir una casa, y una casa bastante grande, por lo que lo primero es montar los cimientos y mejorar nuestra resistencia y base aeróbica (aeróbico = ejercicio de intensidad baja/moderada, en presencia de oxígeno). Esa sería la base de nuestra casa.

Si de verdad queremos empezar a correr y más adelante mejorar corriendo, lo primero es conseguir correr una cantidad de minutos de seguido con relativa facilidad. Una vez hayamos conseguido este objetivo, ya empezaremos a meter velocidad y ritmo, pero de verdad que de los mejores consejos que a mí me dieron es que al principio saliese a disfrutar. A disfrutar de los sitios donde vas, a disfrutar si vas con amigos, a disfrutar de este deporte y a utilizarlo para llevar una vida más saludable y conseguir todos sus beneficios.

Te podría poner mil ejemplos más para que vieses la importancia de lo que os estoy diciendo, como: Imagínate que tuvieses que aprender a dividir sin saber restar, o imagínate cocinar salmón al horno con patatas, tomate y cebolla si todavía nunca has hecho un huevo... Empieza corriendo tranquilamente, ve paso a paso, tu cuerpo lo agradecerá, tú lo agradecerás y disfrutarás mucho más del proceso. Porque, sí, te entiendo, sé que es difícil mantener la calma y puede ser que si te gusta el deporte quieras avanzar rápido, al fin y al cabo, vivimos en un mundo muy veloz en el que parece que el primero que consigue las cosas es el que gana; aun así, quiero recordarte que esto no es una contrarreloj, no te tienes que compararte con nadie ni demostrar nada, solamente tienes que demostrarte a ti mismo que eres capaz de conseguir este objetivo tan ambicioso cuidándote durante el proceso.

Te va a costar porque necesitas una gran paciencia, pero si de verdad quieres lograrlo, te pido que lo intentes. **Y perdón por la palabra, pero, joder, ¡disfruta! Es una gozada que te digan que tienes que empezar despacio y sin sufrir para conseguir algo tan grande, ¿no crees?** Pásatelo bien, que eso es lo importante.

Voy a desmentir otro mito antes de pasar al siguiente capítulo: hay muchas personas que piensan que si su objetivo es tener un control de peso o ser más saludables, tienen que hacer lo máximo posible y esforzarse lo máximo posible en el menor tiempo. Permíteme decirte que esto no es del todo así, de hecho, con actividades aeróbicas podemos obtener la gran mayoría de los beneficios del deporte para nuestro cuerpo y mente. Y, como hemos dicho antes, una buena intensidad aeróbica es cuando hacemos deporte a una intensidad moderada, como, por ejemplo, trotar pudiendo a la vez ir hablando bien, cómodo y durante media hora. No es necesario más; 30 minutos de ejercicio aeróbico y obtendrás enormes beneficios del deporte. Ahora bien, **si has comprado este libro, también me gustaría que tuvieses objetivos más grandes. Espero y**

me encantaría que pensases en grande y que pronto rompamos juntos esa barrera de estar corriendo 30 minutos y podamos alargarlo un poco o bastante más. Además, en cuanto a la pérdida de peso, la quema y pérdida de grasas se produce principalmente en los ejercicios aeróbicos. Cuando nos esforzamos mucho y la intensidad es muy grande, pasamos a la parte "anaeróbica" (ejercicio intenso en el que hay "falta" de oxígeno) y aquí el cuerpo no gastará tantas grasas y poco a poco comenzará a gastar y a vaciar nuestros depósitos de glucógeno (hidratos de carbono) hasta el punto en el que, si llevamos el cuerpo a la máxima intensidad, la energía prácticamente solo saldrá y la produciremos de estos hidratos y no de las grasas.

Para finalizar este capítulo voy a dejar una frase divertida:

Corre, pero no corras.

Ten paciencia y disfruta del proceso: es mejor ir pasito a pasito de forma firme que ir a zancadas enormes y tropezarte con una piedra que te haga estar tirado en el camino por mucho tiempo.

RESUMEN

- No tengas prisa por mejorar muy rápido.
- Para empezar a correr no es necesario sufrir.
- Si quieres empezar a correr, empieza lento y disfrutando, siguiendo estos pasos conseguirás tu objetivo.
- Comienza corriendo despacio y sin morirte en el intento y conseguirás empezar a correr.
- Cuando salgas a correr, sería interesante que fueses a un ritmo con el que pudieses mantener una conversación.

- Cuando consigas correr varios minutos de seguido, ya podrás comenzar a meter más intensidad a los entrenamientos y mejorar tus marcas.

- Si te lesionas, todo se va al garete, así que no te sobreesfuerces, ya que si lo haces te lesionarás.

- Disfruta del camino y pásatelo bien.

IDEA DEL CAPÍTULO PARA LLEVAR A LA PRÁCTICA

Cuando empieces a correr, a ser posible intenta que sea con un amigo o con un familiar. A mucha gente no le apetecerá, por eso otra opción es buscar y tirar de contactos para que alguien te acompañe en bici.

En definitiva: haz todo lo posible por intentar que alguien vaya contigo a correr. Si no lo consigues, no pasa nada, la idea es que cuando salgas debes poder ir hablando con cierta facilidad: siempre puedes llamar a algún amigo si llevas auriculares, o incluso puedes decir frases en alto de vez en cuando. La clave es que cuando vayas corriendo tendrías que ser capaz de ir hablando sin una enorme dificultad. Así que pruébalo en algún entrenamiento. Si haces esto empezarás bien a correr y disfrutarás más del camino.

AVISO

Es posible que una vez empieces a correr quieras meterle más intensidad y mejorar pronto, esto es normal y nos ha pasado a todos o a muchos corredores. La búsqueda de la mejora y la superación es muy importante y tenerla es algo increíble, así que te felicito por ello. Ahora bien, muchos corredores están sobreentrenados y, aunque quieras mejorar rápido, te pido calma, pues la gran mayoría de lesiones que veo son por ir muy deprisa y por no dar tiempo de descanso al cuerpo. Paciencia, de verdad que la frase "no pain, no gain" [sin dolor, no hay ganancia] NO es para este deporte, ya que si todos los días vas fuerte y metes mucha intensidad, el resultado no será positivo. Me alegra que te hayan aparecido esas ganas de mejorar, pero ve con cautela y tranquilidad disfrutando del camino.

TOCA EQUIPARSE

3

MATERIAL

En todo lo que llevamos hablado, hemos hecho alusión a procesos mentales como las creencias o hemos hablado de que tenemos que conocernos y entender que no debemos ir muy rápido al principio, pero realmente no hemos empezado todavía a saber cómo empezar a correr o qué hacer para conseguirlo.

En este capítulo ya nos vamos acercando a ese momento tan especial de empezar con este deporte. Y, aunque todavía no lleguemos, en el próximo paso te prometo que ya sí podremos empezar a correr.

Antes de empezar a correr, creo que es fundamental entrar un poco en detalle sobre el material que debemos utilizar.

Una de las mejores cosas que tiene el running es que **es gratis y con muy poco material se puede empezar.**

En cuanto a las prendas de la parte superior e inferior, yo solo te diría que fuese ropa cómoda y deportiva. Como en todos los deportes, hay prendas más especializadas o apropiadas con las que notaremos algunas diferencias y nos ayudarán en nuestras carreras, pero ya habrá tiempo más adelante para comprar este tipo de prendas cuando seamos uno/as *cracks* de este deporte. **Por ahora, y para empezar, con ropa cómoda y deportiva nos vale.**

¿A qué me refiero con ropa cómoda y deportiva?

Cualquier camiseta y pantalón *sport* nos vale; ahora bien, hay detalles que nos pueden incomodar cuando salgamos a correr y estos los debemos evitar. Por ejemplo: llevar chaquetones atados a la cintura, llevar ropa que nos quede pequeña, llevar ropa de algún tejido que nos moleste o nos produzca rozaduras o ampollas... En conclusión, todo lo que nos reste comodidad sería mejor no utilizarlo.

No me creo que nunca hayas hecho algo de deporte, así que, como seguro que lo has hecho, piensa con qué ropa ibas y, si ibas cómodo/a, **puedes salir a correr con eso mismo sin problema alguno.**

Ahora bien, pasemos a una parte fundamental: las zapatillas. Aquí sí voy a entrar más en detalle y te voy a pedir que, si no tienes ningunas, hagas una pequeña inversión inicial en unas zapatillas de running (actualmente hay buenas zapatillas por 40-50 € para correr) para empezar con buen pie en este deporte.

Muchas veces veo un error en los corredores principiantes y es que **no salen con zapatillas apropiadas**. A veces los veo salir con zapatillas para vestir, y otro ejemplo que veo mucho es que salen con zapatillas del deporte que han hecho en el pasado o que están haciendo en el presente, como, por ejemplo, salir a correr con zapatillas de fútbol sala o de baloncesto.

Al fin y al cabo, si lo que quieres es solo probar este deporte y no te apetece comprar ninguna zapatilla, estás en tu derecho, pero cada tipo de zapatilla está especializada para su deporte, por lo que una zapatilla para hacer running siempre va a ser una mejor opción que cualquier otra zapatilla cuando salgamos a correr.

¿Por qué le doy tanta importancia a esto de las zapatillas?

Por lo que te acabo de contar. En el caso de un pantalón, no importa tanto, puedes salir con tu pantalón de fútbol o de tenis a correr y vas a ir genial; ahora bien, **correr con unas zapatillas de pádel es peligroso,** porque te puedes lesionar y además no vas a ir tan cómodo como llevando unas específicas para correr. Como hemos hablado, las lesiones son de lo peor que te puede pasar en este deporte y comprándote unas zapatillas, en primera instancia, vas a reducir esa posibilidad de lesión. Además, es lógico que con unas zapatillas hechas para correr vayas a correr mejor: el desgaste muscular será menor, te cansarás ligeramente menos y tus primeras sensaciones en este deporte serán mucho mejores. Además, ¿a quién no le gusta estrenar zapatillas?

¿Cuáles son las mejores marcas para comprar un par de zapatillas o qué zapatillas comprar?

Cualquiera, solo ve a un centro comercial que tengas cerca de casa o ve a alguna tienda de deporte que sea especializada o que tenga artículos de running y pregunta por alguna zapatilla para correr. Obviamente, a mayor precio, mayor calidad, pero, como estamos empezando, si no te quieres dejar una gran inversión es totalmente normal y entendible.

Yo te diría que para empezar compres unas zapatillas económicas y si te encanta este deporte y te enamoras de él rápido, como me pasó a mí, en pocos meses podrás volver a hacer tu primera buena adquisición y ¡comprar unas zapatillas con las que tus resultados mejoren!

El mundo de las zapatillas para correr es inmenso y cada vez va a más. Hay miles de marcas, modelos, materiales, características... Como grandes categorías podríamos encontrar las zapatillas rodadoras, las cuales son recomendables para la carrera continua, y después tenemos las zapatillas voladoras y de competición, que son zapatillas de gama más elevada y se utilizan para entrenamientos rápidos y para las carreras. En nuestros primeros pasos, unas zapatillas rodadoras serían lo ideal, aunque tampoco quiero marearte con todo esto, seguro que en una tienda te aconsejarán genial y con el paso del tiempo también te harás haciendo todo un experto/a en modelos y materiales. Y cuando te quieras dar cuenta, estarás en una mesa sentado con otros runners discutiendo de zapatillas, ya lo verás. En conclusión, hazte con un par zapatillas donde mejor te venga para que puedas empezar a correr mientras te acompaño en este proceso.

Ya **tenemos lo imprescindible para salir:** ropa para la parte superior e inferior y zapatillas. Aunque puede que nos falte algo. Si me permites aconsejarte, yo solo añadiría un reloj. Como hemos visto, al empezar a correr vamos a ir por tiempo y no por ritmo, por lo que empezar solo con un reloj es más que suficiente. Ahora bien, entiendo que te apetezca empezar desde el primer día guardando las carreras o entrenamientos que hagas en el móvil para ver tu progreso, para ver el ritmo al que vas y, por qué no, para compartirlo por redes sociales.

Esto está bien, pero hazme un favor, hasta que no puedas correr de forma continua y hasta que no te hayas apasionado por este deporte, intenta no fijarte o, si te fijas, intenta darle la mínima importancia posible al ritmo. Y a poder ser, **no te compares con NADIE**. Seguro que el que te diga que va más rápido que tú o que vas muy lento cuando empezó a correr iba igual que tú o peor. Igual el que te lo dice ni corre. Por lo que, si quieres llevar el móvil para registrar tus carreras en alguna aplicación para correr, lo veo bien, pero, por favor, no le des mucha importancia al ritmo ni te compares con nadie. Y si te quieres comparar con alguien, que sea contigo mismo y con tu yo del pasado. En caso excepcional, también podrías "compararte" solo con quien empiece a correr a la vez que tú y te motive y anime pase lo que pase (familiar, amigo íntimo...).

Si quieres llevar el móvil, igual te estás preguntando dónde guardarlo, y aquí va el último material que necesitaríamos para correr. Te voy a dar tres opciones y mi favorita de estas.

La primera es un tipo de riñonera en forma de cinturón con un bolsito y una cremallera para guardar el móvil.

La segunda forma de llevar el móvil (mi favorita) es como en un bolsito que se colca en el brazo, en la parte del húmero, debajo del hombro.

Y finalmente, la tercera, es en el propio pantalón, pues hay algunos que llevan un bolsillo incorporado y ahí se puede llevar el móvil perfectamente. La recomendación que te voy a dar es que, lo lleves donde lo lleves, intenta que te moleste lo menos posible. Esto se consigue tratando de que no rebote tras cada zancada y que prácticamente lo puedas llevar sin notarlo. Debería de estar acoplado a ti, haciendo que tú y el móvil seáis uno.

Otra opción que veo mucho es llevar una mochila y ahí llevar el móvil. Personalmente, esta opción no la recomiendo al empezar, ya que cuanto más ligeros vayamos y menos materiales utilicemos, mejor será. A medida que avance el tiempo podrás probar diferentes formas de correr y materiales.

Otra cosilla que te voy a comentar es que, si puedes, es preferible que no lleves el móvil en la mano durante tus carreras, ya que esto puede provocar que hagas un movimiento o acción antinatural con el brazo o con la mano y, aunque no lo parezca, este simple gesto puede hacer que varíe tu braceo y con ello tu técnica de carrera. Esto lo debemos evitar, ya que tener una mala técnica de carrera puede provocar problemas para el futuro o lesiones.

Ahora sí, materiales no necesitamos más, con esto tenemos todo. También es cierto que hay otros materiales auxiliares como auriculares para la música, gorras, gafas, guantes, botella de agua...

Si llevas algo de esto está perfecto, lo único que, al igual que con el móvil, intenta llevarlo sin que te moleste y, si lo llevas, que sea un aliado en tus carreras y no un enemigo que te esté molestando tras cada zancada.

En cuanto al clima, también puedes ir adaptando tus prendas según tus preferencias y llevando algo con lo que te sientas más cómodo. En el caso de que haga calor, es mejor llevar menos ropa: podrías utilizar pantalón corto y camiseta corta, de tirantes, top o incluso, si por donde corres está permitido, ir sin camiseta. En cambio, en invierno habría que abrigarse más, pero, como hemos visto, hay que seguir intentando utilizar prendas cómodas y que no nos molesten corriendo. Aquí sería bueno utilizar el sistema de tres capas. Una primera capa térmica, como podría ser una camiseta térmica y mallas, una segunda capa deportiva y transpirable, como una camiseta normal de manga corta o larga, pantalón corto o largo y, después, si fuese necesario, una tercera capa impermeable como un chubasquero o cortavientos, de tal forma te abrigarás contra el frío con prendas que te ayuden a correr y no te molesten.

Como has podido comprobar, lo más importante respecto al material es la comodidad y el acoplamiento **(que el material y tú seáis uno)**, por lo que recomiendo que evites utilizar mochilas, sudaderas con capuchas grandes (ya que estas irán rebotando y te molestarán) o chaquetas atadas a la cintura. Intenta adecuar tu ropa al tiempo que haga en ese momento para evitar que cuando lleves algún kilómetro tengas que quitarte o ponerte ropa y no sepas qué hacer con ella. Lo de la sudadera atada en la cintura es algo muy común que observo en corredores que se están iniciando y te aseguro que te frena y te molestará, así que, en la medida de lo posible, intenta evitarlo. Y ¿te cuento un pequeño secreto? Aunque pienses que hace mucho frío y necesites una sudadera muy grande o mucha ropa, por lo general no va a ser necesario, ya que al empezar a correr tu cuerpo entrará rápidamente en calor y esa sudadera te podría molestar. Sabiendo esto, si hace mucho frío, podría ser mejor optar por camisetas térmicas y ropa ajustada que se unirá a ti y no te molestarán en ningún momento que por abrigos o sudaderas demasiado grandes. **Aun así, cada persona es un mundo, sal a correr y prueba de diferentes formas, utiliza distintos materiales y distinta ropa dependiendo del tiempo, horario, momento estacional y utiliza lo que más te ayude a ti personalmente.**

Y para acabar, te voy a contar algo curioso que espero que te ayude. En cuanto a la ropa, no todos somos iguales, pero a la mayor parte de la población nos gusta gustar y nos gusta vernos bien, por lo que, como secreto, te voy a contar y **te recomiendo que lleves ropa que te guste, en la que te veas bien y en la que incluso te sientas como todo un profesional.** Esto hará que te motives mucho más cuando te veas en el espejo, cuando, durante tus carreras, vayas viéndote en los reflejos o en escaparates. De hecho, esto a mí me pasa: si voy con ropa normal, voy a entrenar como siempre, pero no me siento tan profesional o motivado como cuando salgo con mi pantalón especifico, la camiseta de tirantes, las gafas de running y la gorra. Cuando me veo bien salgo mejor, más motivado, con más ganas y me lo paso mejor, así que piensa que la ropa también la puedes utilizar como fuente de motivación para que te ayude en tus entrenos.

RESUMEN

- Utiliza ropa deportiva.
- Prioriza la comodidad, ir cómodo es la clave para tus entrenamientos.
- Con que la ropa sea deportiva vale, pero para las zapatillas, mejor comprar unas hechas para correr.
- Evita cualquier elemento que te sea molesto y no esté "adherido" a ti.
- Puedes llevar el móvil, pero de momento no te fijes ni le des mucha importancia al ritmo (más adelante veremos apps que podrás utilizar).
- ¡No te compares con los demás! Solo con tu yo del pasado.
- Puedes llevar materiales auxiliares si te hacen ir más cómodo o te ayudan en tus entrenamientos.

IDEA DEL CAPÍTULO PARA LLEVAR A LA PRÁCTICA

Sal ya a alguna tienda deportiva cerca de tu casa y pregunta a la persona que esté ahí trabajando, con satisfacción y motivación, por unas zapatillas para correr. No importa tu presupuesto, si tienes menos presupuesto, compra unas más económicas; si tienes más presupuesto y te apetece, unas más costosas: lo que sea y lo que puedas permitirte está genial, pero sal, ¡cómprate un par y, ahora sí, estamos listos para empezar!

4

INTERVALOS CAMINAR/CORRER

Ahora sí, **ya podemos ponernos a correr.**

Como hemos ido repitiendo, no vamos a empezar a correr rápido, y lo mejor será al principio no cansarse en exceso; por ello, vamos a empezar haciendo intervalos de correr y caminar. Esto se conoce comúnmente como *técnica caco* (caminar/correr).

Cuando empiezan a correr muy pocos pueden, por ejemplo, correr de seguido 15 minutos, y lo que queremos al iniciar este proceso y al iniciarnos en este deporte es que nuestro cuerpo se empiece a acostumbrar a correr y consiga adaptaciones. Pero a su vez sin llegar a un cansancio extremo o sin hacer del proceso algo aburrido y agotador. Para conseguir esto, lo mejor será alternar tiempos de caminar y correr.

Lo que buscamos al empezar es que nos pique la curiosidad y, realmente, es mejor volvernos a casa con ganas de haber corrido un poco más y con ganas de salir el próximo día intentando superarnos de forma ligera a llegar a casa destrozados y solo con ganas de irnos al sofá. Es por esto por lo que **nos vamos a fijar en el tiempo y, de momento, no en el ritmo.**

Al alternar estas formas de movernos, lo que buscamos es aguantar todo el tiempo que nos toque corriendo sin parar y, después, caminar para recuperar el esfuerzo que hayamos hecho al correr y prepararnos para el siguiente intervalo de carrera.

Si vamos a alternar, por ejemplo, un minuto corriendo y uno caminando **es mejor ir lento y hacer todo el minuto corriendo que querer ir rápido y solo poder aguantar 30 segundos corriendo** y estar después 1 minuto y medio caminando. Lo que buscamos con este primer paso es empezar a correr sin cansarnos y sin sufrir mucho. Lo que vamos a hacer a partir de aquí, es, cada semana, ir variando el tiempo. Aumentaremos el tiempo que estamos corriendo e iremos reduciendo el tiempo que estamos andando.

Es muy difícil hacer una pauta para todos, por lo que, al final de este libro, encontrarás algunos planes de entrenamiento algo más específicos para cada persona, dependiendo del nivel en el que se empiece. Aun así, antes de llegar a esos planes de entrenamiento, te voy a explicar y a detallar algo más todo esto.

Lo que vamos a hacer al principio es establecer tiempos en los que aguantemos corriendo relativamente fácil. Después andaremos para recuperar ese esfuerzo y para estar listos para cuando nos vuelva a tocar el intervalo de correr. Haremos unas cuantas repeticiones de esto. Al final, caminar es mucho más tranquilo que correr, y estoy casi seguro de que, aunque nunca hayas corrido, si te pones a caminar, fácilmente podrás aguantar una hora sin muchísimas complicaciones. En cambio, igual tras 5 minutos corriendo, necesitas parar, por lo que estos primeros entrenamientos, en los que vamos a alternar correr y caminar, serán entrenamientos más largos hasta que lleguemos a los entrenamientos en los que únicamente correremos de forma continua.

De forma general, un ejemplo de este entrenamiento podría ser: series de un minuto corriendo y dos caminando, y esto realizarlo unas 8-10 veces (duración total del entrenamiento = 20-40 min aprox.). Al final, con estos primeros entrenamientos, lo que buscamos es poder correr al completo el intervalo que toque correr, aunque sea a un ritmo muy tranquilo, donde incluso podamos ir hablando cómodamente. Cuando nos toque caminar, caminaremos tranquilamente para recuperar y para poder volver a aguantar todo el tiempo que nos toque correr. **Es preferible hacer menos series y que, cuando nos toque correr, correr todo ese intervalo de seguido** a hacer más series y cuando nos queden tres o cuatro intervalos empezar a quitar tiempo en el que nos toca correr y usarlo para caminar, o que tengamos que parar por cansancio.

Como ejemplo diría que es mejor hacer 10 series pudiendo acabar todos los intervalos de forma correcta a hacer 15 y en los últimos 5, en vez de correr todo el minuto, correr solo treinta segundos y caminar un minuto y medio.

Una vez tengamos controlado estos entrenamientos, la progresión la iremos haciendo semana a semana. Y la forma de progresar será, o bien aumentando el número de series, o bien reduciendo el tiempo que estamos caminando y aumentando el tiempo que estamos corriendo. En estos primeros pasos para correr, **la mayoría de las acciones que tomemos**

o los entrenamientos que nos planifiquemos deben ir por tiempo y sensaciones. Y lo repito, no por ritmo o velocidad.

Cuando hablamos de ritmo, por lo general nos vamos a referir al tiempo que tardamos en hacer 1 km. Por ejemplo, si tardamos 6 minutos en correr 1 kilómetro, el ritmo será 6 min/km (6 minutos por kilómetro).

Al igual que he puesto el ejemplo anterior, puede ocurrir lo contrario. Y lo vuelvo a decir, imagínate que no estás para nada cansado; si te sucede esto, es mejor que aumentes el tiempo en el que corres y acabar ese intervalo de forma correcta que apretar de más el ritmo y, en vez de acabar algo cansado pero poder ir bien a por el siguiente intervalo, acabar muy cansado y no poder empezar el siguiente intervalo de correr a tiempo porque necesites caminar más para recuperar todo el esfuerzo innecesario que has hecho al principio. Es decir, si en un intervalo de 1 minuto has podido correr 200 m y no has acabado muy cansado, es mejor que aumentes el tiempo de correr a 1 minuto y medio manteniendo el ritmo, haciendo en este caso 300 m, a, en 1 minuto, aumentar el ritmo y hacer 260 m pero tras varias series acabar muy cansado/a.

Igual piensas que soy un plasta por repetir siempre que es mejor no cansarse y que no nos debe importar el ritmo, o igual te preguntas cómo vas a mejorar si sigues estos consejos. Pues lo que estamos haciendo con estos intervalos y con no acabar extremadamente cansados es hacer trabajar al cuerpo, acostumbrarle a correr y trabajar ese umbral aeróbico del que te hablé. De esta forma haremos que cada vez nos cueste menos correr y cada vez podamos correr por más tiempo con el mismo esfuerzo. No tenemos prisa, estamos en un proceso de adaptación y necesitamos adherencia y disfrutar de lo que hacemos, sobre todo, en estos primeros momentos.

Este es un libro para empezar a correr, por lo que, cuando ya puedas correr bastante tiempo de seguido sin llegar a cansarte en exceso y sin un enorme esfuerzo, ya podrás empezar a mejorar y ya podrás cambiar e introducir nuevos entrenamientos donde, ahí ya sí, podrás "sufrir" algo más, pero mejorarás y empezarás a tratar temas sobre el ritmo.

¿Cuánto tiempo tengo que estar haciendo intervalos de correr y caminar?

Pues realmente depende de la persona, de las sensaciones y de cómo vayan los entrenamientos. Pero lo que debemos hacer es eso, ir semana a semana variando los tiempos, para correr más y caminar menos. Estos entrenamientos pueden variar entre la media hora y la hora aproximadamente. **Poco a poco iremos corriendo más y caminando menos, hasta que ya un día podamos hacer de forma completa 15 minutos corriendo.** Para ello, un ejemplo de último entrenamiento haciendo intervalos de caminar y correr podría ser el siguiente: 10 minutos corriendo y 3 minutos caminando, haciendo esto dos veces. A partir de poder estar unos 15/20 minutos corriendo de seguido, llegaremos al siguiente paso, que es la carrera continua.

RESUMEN

- Empieza con la técnica CACO (caminar/ correr).
- Guíate por tiempo y por sensaciones, todavía no por ritmo.
- El intervalo que te toque correr, hazlo entero corriendo, no vale parar.
- El intervalo que toque caminar, camina, si quieres muy despacio, pero no pares totalmente.

- Si necesitas parar, regula los intervalos y quita tiempo de carrera o reduce el número de intervalos; pero cuando te toque correr, intenta correr y cuando toque caminar, intenta caminar.

- No te pases, lo principal es acabar el entrenamiento.

- Cada semana que pase aumenta el tiempo de carrera o aumenta los intervalos y disminuye el tiempo de caminar.

- Siente que acabas bien los entrenamientos y terminas los intervalos de carrera algo cansado, pero sin llegar a un esfuerzo o cansancio máximo.

- Si quieres y te gusta sentir que has entrenado duro puedes aumentar un poco el ritmo en los últimos intervalos, pero para empezar a correr no es necesario.

- Ve semana a semana hasta que puedas correr aproximadamente 15/20 minutos de seguido.

IDEA DEL CAPÍTULO PARA LLEVAR A LA PRÁCTICA

¡Átate las zapatillas y sal!

Ya, hoy mismo o, como muy tarde, mañana. Para empezar y como primer día, haz el test que te propongo en los últimos capítulos (donde están los planes de entrenamiento) para saber tu estado de forma y poder escoger tu plan de entrenamiento. Toca ponerse manos a la obra.

A SUMAR KM

5

CARRERA CONTINUA

Antes de seguir, debo anunciarte que **¡ya estás corriendo!** Si has llegado hasta aquí, ya estarás corriendo de forma continua sin pararte y relativamente sin esfuerzo. Ahora solo toca seguir mejorando, y cuando hablo de mejorar, sigo hablando de tiempo. Todavía no hablamos de ritmo, de hecho, hasta el capítulo siete no te hablaré de ritmo en profundidad, ya que, **con este libro, lo que queremos es empezar a correr y para ello el ritmo no es muy relevante.**

Si has llegado hasta aquí, como vimos en el capítulo anterior, ya podrás correr unos 15/20 minutos seguidos, y digan lo que te digan, **eso ya es correr.** De hecho, muy pocas personas, si lo piensas, podrían aguantar corriendo ese tiempo y, aunque igual te parezca poco y tengas ganas de más, tranquilo/a, ten paciencia y piensa en todo lo que has mejorado y el enorme camino recorrido hasta llegar aquí. Es probable que al principio no pudieses correr ni dos minutos de seguido, y ahora ya estás cerquita de la media hora. **¡Gran trabajo! Te felicito.**

¿Y a partir de aquí qué?

Pues toca hacer algo similar al paso anterior, que es, poco a poco, ir aumentando el tiempo de carrera. Yo diría que lo óptimo sería aumentar cada semana unos 3-5 minutos. Por lo que, si al acabar los intervalos de correr y caminar podías correr durante 20 minutos de seguido, ahora lo que te tocaría hacer es estar una semana acostumbrándote a ese tiempo y a partir de ahí, cada semana, habría que ir aumentando minutos a 25, 30, 35, 40, 45... Esto es, lo que en el mundo de las ciencias del deporte se llama sobrecarga progresiva. Es decir, **ir semana a semana aumentando la intensidad y volumen para que el cuerpo consiga adaptaciones, vaya tolerando la carga y los estímulos que le estamos dando y vaya mejorando con el tiempo.** Esta sobrecarga debe ser controlada y no aumentar de forma exagerada, ya que, si la sobrecarga es muy grande, es decir, si a la tercera semana quieres correr una hora y media de seguido, es posible que lleguen las lesiones o un sobreentrenamiento. Así que, ve poco a poco y si alguna semana ves que te cuesta un poco más de la cuenta, también puedes bajar un poco los minutos para las siguientes volverlos a subir (esa semana más "suave" se llamaría "semana de descarga"). No temas retroceder si en alguna semana estás más cansado/a, has sufrido más estrés... Muchas veces un paso para atrás precede a dos pasos hacia adelante.

No te adaptes al plan, sino que haz que el plan se adapte a ti, y si tienes que variarlo o cambiarlo, hazlo para que consigas adherencia y disfrutes del camino y puedas completar este proceso. Alguna semana, o al principio, igual sientes que aumentar 5 minutos es mucho, o igual hay alguna semana, cuando lleves ya un tiempo corriendo, que 5 minutos te parezcan pocos. Sin problemas ni preocupaciones, puede pasar, por lo que adapta el plan a ti y haz algo con lo que estés cómodo/a y, sobre todo, disfrutando del proceso.

Ejemplo (pueden variar los días y el tiempo):

Semana 1: Lunes, miércoles y jueves, carrera continua de 25 minutos.

Semana 2: Lunes, miércoles y jueves, carrera continua de 30 minutos.

Semana 3: Lunes, miércoles y jueves, carrera continua de 35 minutos.

Te digo lo mismo que en el capítulo dos, no tengas prisa. Igual pasar de correr 20 minutos a 30 en dos semanas te cuesta mucho, por lo que, en vez de querer correr mucho, tener prisa y empezar a sufrir o a cansarte más de la cuenta, puedes alargar los procesos, de verdad que no tenemos prisa. En vez de cada semana aumentar 5 minutos puedes aumentar solo 2 e incluso un minuto, lo importante es, semana a semana, intentar ir a más de forma ligera y poco a poco, siempre sintiéndote bien, sintiendo que asimilas los entrenamientos y sintiéndote preparado/a para la siguiente carrera o entrenamiento.

¿Hasta cuándo?

Realmente, si consigues pasar la barrera de los 45 minutos, ya estaría genial. De hecho, a medida que pase el tiempo, más fácil te será ir aumentando el tiempo que estés corriendo. Me explico: igual pasar de correr 20 minutos a 40 de seguido es algo que te cuesta bastante y te pasas algunas semanas para conseguirlo; ahora bien, puede que después te lleve bastante menos tiempo pasar de correr 45 minutos a 60.

¿Por qué? Porque cuanto más corres, más base estás haciendo, más resistencia estás ganando, estás mejorando tu sistema aeróbico, tus músculos se están adaptando y están preparados para correr más, estás mejorando tu sistema cardiovascular y respiratorio... Por lo que, cuando ya puedas correr 20 minutos de seguido, solo llevarás corriendo algunas semanas, pero cuando llegues a los 45, igual ya llevas algunos meses, por lo que el cuerpo estará mucho más acostumbrado, adaptado y mucho más hecho, lo que resultará en que sea más fácil ir aumentando el tiempo de carrera.

¿Y cuando llegue a la hora o a esos 45 minutos, qué?

Lo de la hora o asignar un tiempo concreto es relativo, pero, personalmente, lo veo como un gran punto para empezar a probar nuevas cosas, buscar nuevos objetivos y comenzar con nuevos entrenos, aunque ¡puedes empezar algo antes también!

Llegados a este punto, tienes dos opciones. Hay personas a las que les encanta correr y, realmente, si a ti te gusta correr, si lo utilizas para mantenerte en forma y para aliviarte de tus problemas, haber conseguido llegar hasta este punto ya ha sido algo grandioso. Por lo que, si a partir de aquí te apetece simplemente salir a correr por el afán de hacerlo y por conseguir sus beneficios, puedes ya quedarte en una hora y salir a correr más días por semana; puedes tratar de seguir aumentando el tiempo en el que estás corriendo o puedes mantenerte aquí estableciendo el hábito y disfrutando de este deporte.

Pero existe otra opción, y es que igual quieres seguir mejorando (algo que seguramente pase si has llegado hasta aquí). En este momento, podríamos encontrar dos interesantes formas de mejorar.

La primera es seguir aumentando el tiempo de carrera poco a poco e ir a por objetivos grandes, como poder correr tu primera media maratón o incluso la maratón completa. Por lo que, si tus objetivos son estos, puedes intentar ir a más y a más, seguir aumentando ese tiempo y seguir mejorando para conseguir este objetivo tan grande y que tan orgulloso/a te hará sentir.

Si vas por este camino también te recomiendo acudir a algún entrenador para que te dé consejos o para que te entrene, ya que, para preparar un maratón, es mejor hacer más cosas o variar entrenamientos y no solo aumentar el tiempo que corremos semana a semana. ¡Si necesitas ayuda o entrenador siempre puedes contactarme!

Otra forma de mejorar es querer correr cada vez más rápido. Igual tu objetivo no es correr un maratón (de momento), pero sí te gustaría mejorar tus marcas y empezar a hacer marcas personales en carreras de 5 km o de 10 km. Lo que queremos conseguir aquí, pues, es mejorar el ritmo. Para esto, sí me parece que llegar a 50/60 minutos o a algo menos pudiendo correr sin problemas de cansancio y sin muchísimo esfuerzo sería bueno para empezar a realizar otros entrenamientos de más intensidad y más enfocados en mejorar nuestro ritmo, cosa que veremos en el capítulo número 7.

Y te lo repito, lo del tiempo u otros aspectos similares de este libro están generalizados, eres tú quien debe ir viendo tu progreso y viendo cómo te sientes tanto física como psicológicamente para adaptar lo que te sea necesario en busca de hacer el proceso más sencillo, más agradable y conseguir más adherencia y disfrute. El que mejor te conoce eres tú mismo/a. Lo importante es empezar a correr de seguido, ir sumando poco a poco y sería bueno tratar de alcanzar los 40-45 minutos de carrera continua. En este proceso, o más bien a partir de aquí, ya podrías empezar a intentar mejorar y a intentar centrarte y poner tu atención en otros entrenamientos o en más detalles para empezar a trabajar tu ritmo y mejorar en este deporte.

Quiero aclarar antes de terminar este capítulo algo que, si te estás iniciando en este deporte, puede que no sepas. Cuando nos adentramos más allá en el mundo del running, vemos que no solo es correr y ya está. Para ser un runner más completo, para reducir el riesgo de lesión, para tratar de correr grandes distancias y para mejorar en tu ritmo, muy probablemente hagan falta otros entrenamientos más variados y diferentes que únicamente correr. Así que, si te gusta y si de verdad quieres añadir el running en tu estilo de vida, hacer más entrenamientos y no solo salir a correr día sí y día también te reportará numerosos beneficios y será una etapa por la que pasarás.

RESUMEN

- Al principio céntrate en correr a un ritmo cómodo y que te permita acabar bien tus entrenamientos, para conseguir grandes adaptaciones.

- Ve semana a semana aumentando el tiempo de carrera.

- Haz al menos 2/3 entrenamientos corriendo el mismo tiempo antes de volver a aumentar el tiempo de correr para que tu cuerpo se adapte.

- Adapta el plan a ti, si ves que te cuesta mucho subir 5 min. cada semana, sube solo 2. O, si ves que te cuesta aumentar el tiempo de carrera todas las semanas, repite entrenamientos alguna semana o incluso descansa un poco más alguna semana (semana de descarga). Asimismo, si ves que cinco minutos son pocos, también puedes aumentar el tiempo algo más.

- Consigue llegar hasta unos 45-60 minutos de carrera continua.

- Al estar rondando esos 45 minutos tienes dos opciones. Seguir saliendo y disfrutando del hábito y del deporte o ponerte manos a la obra y empezar a meterle algo más de intensidad o hacer cambios en algún entreno y mejorar para correr carreras de más distancia o para mejorar tus ritmos.

IDEA DEL CAPÍTULO PARA LLEVAR
A LA PRÁCTICA

En esta idea te viene algo diferente pero que va a estar chulo de hacer. Te voy a pedir que cojas un boli y una hoja o el móvil con la aplicación de notas abierta. ¿Listo? Quiero que hagas dos columnas con estos dos títulos: "Objetivos a corto/medio plazo" y "Objetivos a largo plazo". Y ponte a ello. Escribe lo que te salga, sin miedo y, si en el futuro tienes que cambiar tus objetivos, podrás hacerlo sin ningún problema. Con esto también empezarás a pensar, a motivarte al proponerte objetivos y empezarás a darte cuenta de qué te apetece cuando ya puedas correr bastante tiempo de seguido. Algún objetivo a corto/medio plazo podría ser: "ir a correr a tal ciudad", "hacer un entrenamiento con mi padre/madre" o "correr esta carrera de 5 km", y algún objetivo a largo plazo podría ser: "correr el maratón de Nueva York" o "hacer 10 km en menos de 40 minutos". Una vez lo tengas, cuélgatelo por algún lado para recordarlo, para tener motivación y para luchar por esos objetivos.

¡A por ellos!

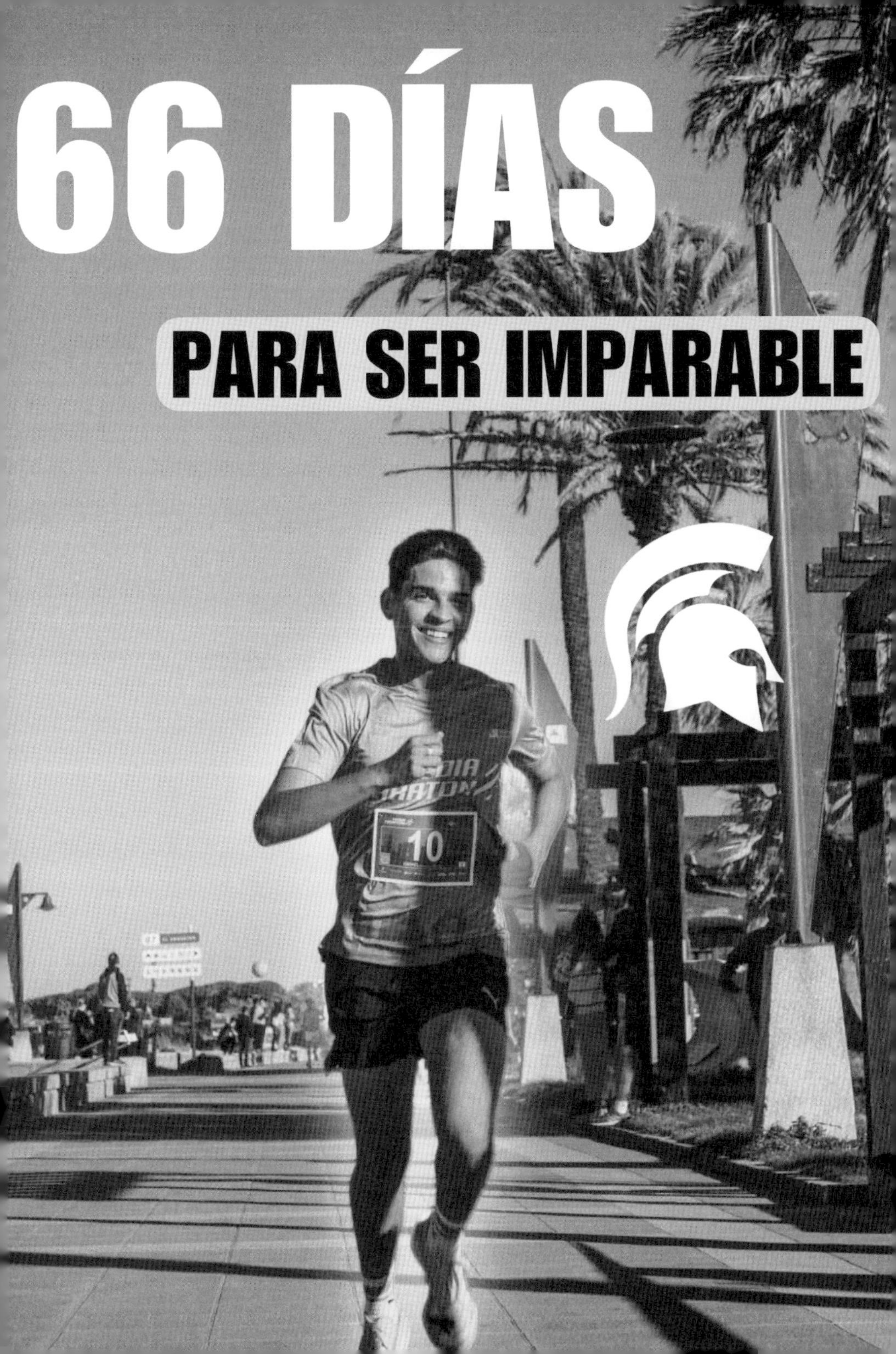

66 DÍAS

PARA SER IMPARABLE

6

CONSTRUYE EL HÁBITO

Llevo repitiendo constantemente lo de que debemos centrarnos en correr por sensaciones, por tiempo y que debemos correr sin llegar a cansarnos en exceso. Aunque en gran parte he explicado el porqué de todo esto, en este paso vamos a entrar más en detalle para que acabes de entender a la perfección por qué queremos empezar a correr de esta manera y por qué siempre repito esta idea.

Se dice que aproximadamente el 95 % de las cosas que hacemos en un día son inconscientes o son elementos que ya hemos añadido en nuestra rutina y las repetimos cotidianamente en forma de hábitos. Al fin y al cabo, este no es un dato por el que asustarse ni mucho menos, al final, yo pienso que esto es positivo, el ser humano siempre va a seguir la ley del mínimo esfuerzo, la cual se basa en ser lo más eficaz y efectivo posible utilizando el mínimo esfuerzo o energía, por lo que, si el 95 % de cosas que realizamos en nuestro día a día son inconscientes, menos esfuerzo haremos, menos haremos trabajar a nuestro cerebro y más energía destinaremos a cosas más importantes o a imprevistos.

¿Por qué te cuento esto? **Pues porque, si construimos el hábito de salir a correr de forma habitual, salir no nos supondrá un mayor esfuerzo, ni nos quitará tiempo**, ya que habremos adaptado esta actividad a nuestra rutina y la habremos incluido en nuestro horario.

Hago este breve apartado para que veáis la gran importancia de los hábitos. A veces me preguntan cómo consigo salir a entrenar siempre o de dónde saco la motivación. Personalmente, tener objetivos me ayuda mucho, pero sobre todo se debe a la creación de un hábito muy fuertemente unido a mi vida. Hoy, entrenar para mí es como comer, lo llevo haciendo años sin fallar apenas, por lo que podría decir "que me sale solo" y no necesito mucho esfuerzo para hacerlo, simplemente lo hago.

Estoy al 100 % seguro de que todos tenemos hábitos consolidados durante años. En mi caso, el primero que se me viene a la cabeza es el desayuno; siempre desayuno lo mismo y mi rutina para el desayuno lleva siendo la misma muchos años. Pues con el correr pasa igual. Al principio te costará (y es probable que bastante) adaptarlo a tu rutina, e introducir el correr en tu horario será parte de ese 5 % de actividades que haces de forma consciente. Lo más seguro es que te cueste adaptarte a esta nueva rutina, que correr no te acabe de convencer o que algún día no te llegue a apetecer salir. Esto es lo más normal del mundo y por ello no te tienes que sentir mal o castigarte. **Ahora bien, es ahora cuando toca poner un esfuerzo, ser disciplinado y buscar motivación para salir a correr de forma habitual.** Es por esto por lo que no vamos a querer ir rápido o no vamos a querer meter mucha intensidad a nuestros entrenamientos, porque, si antes de construir el hábito de salir a correr te machacas día tras día, lo más probable es que no acabes nunca construyendo ese hábito, ya que correr será un momento desagradable. En cambio, si sales a correr y disfrutas, lo pasas bien, consigues los beneficios del deporte y encima no te agotas, salir a correr va a ser más fácil y antes conseguirás establecer y consolidar ese hábito.

También **se dice que para construir un hábito hacen falta 66 días**. Pueden parecer muchos días dicho así de rápido, pero, si lo piensas de otro modo, te prometo que no será para tanto. Vamos a poner un ejemplo. Piensa en tu último verano, supongo que se pasó bastante rápido, ¿verdad? O piensa en algún momento del año pasado o de tu vida que durase dos meses y donde te lo pasaras genial (por ejemplo, unas vacaciones o imagínate dos navidades seguidas). Eso se pasa volando, ¿verdad? Pues eso son solo dos meses, y en cuanto a crear un hábito pasa lo mismo, solo son 66 días.

De media, la expectativa de vida es de 73 años o, lo que es lo mismo, 26 645 días. En serio, **¿qué son 66 días de 26 645?** Te lo digo yo: un 0,25 %, es decir, muy poco. Además, si consigues completar el hábito y acabar esos 66 días con tu objetivo logrado, te garantizo que un gran porcentaje del total de días de tu vida serás más feliz y tendrás más salud. De verdad que no es para tanto, te lo garantizo. Piensa en que solo 66 días te pueden dar felicidad, salud, satisfacción, bienestar…. ¿En serio no lo vas a aprovechar? Y lo dicho, se puede fallar y no hay por qué agobiarse o pasarlo mal, simplemente hay que darse cuenta de por qué se ha fallado, tratarse bien y con cariño y buscar nuevos métodos para volver a intentarlo. Así una y otra vez hasta que salga; muchas veces la vida trata de esto, de caerse y levantarse. Y tranquilo/a, según la media que acabamos de ver podrías tener aproximadamente 26 645 días para intentarlo o, lo que es lo mismo, más de 400 intentos.

Ahora bien, **en esta parte quiero hacer especial énfasis, porque es aquí donde más navegantes pueden caerse o tirarse del barco.** Lo siento por decírtelo, y ojalá todo este proceso fuese sencillo y se pudiese conseguir sin mucho esfuerzo, pero esta es la parte más difícil. Así pues, pido perdón por la redundancia, pero lo más difícil de salir a correr es… salir a correr.

Repito una idea del capítulo 1: la sociedad de hoy en día quiere las cosas ya, quiere hacer lo mínimo posible y piensa que así conseguirá resultados magníficos. **Perdón, pero esto NO ES ASÍ**. Es aquí, en el paso de salir cuando toque, en el momento de salir cuando no apetezca, en el momento de salir cuando haga mal tiempo... Es aquí cuando se empieza a correr, se crea disciplina y se crea un runner de verdad. **Va a ser difícil, ya te lo adelanto, pero aquí está la clave de todo, la parte más importante de este proceso.**

Te voy a dar un truco para cuando un día no te apetezca salir. Antes de nada, quédate y ponle atención a esta frase: "En lo que te centras, lo que haces o lo que piensas, eso es lo que se hace grande". Cuando te llegue el pensamiento de que no te apetece salir a correr, no te repitas ese pensamiento en la cabeza ni una sola vez más, porque si te centras en él, cada vez se hará más grande y tu cabeza te dominará, te ganará, conseguirás encontrar muchas excusas para no salir y finalmente no saldrás a correr ese día, estoy seguro.

Si te llega ese pensamiento, cámbialo radicalmente y piensa: si salgo hoy, voy a ser más grande, voy a tener más salud, voy a construir un hábito que me cambiará la vida, soy más fuerte y puedo controlar a mi cabeza. ¡Cambiando de forma de pensar seguro que consigues esa motivación para salir! Y si no te sale, no hace falta que busques otro pensamiento o que lo cambies, simplemente siléncialo. Cuando te llegue ese pensamiento no le hagas caso, mantén tu mente callada y simplemente sal a correr. O mejor aún, si te llega un pensamiento negativo y todavía te falta un tiempo para salir a correr, distrae la mente, céntrate en otra cosa, lee algo, estudia, cocina, mira el móvil, pero no repitas ese pensamiento, entretente con algo diferente. Y si ya se acerca la hora de salir a correr, no pienses, simplemente sal a entrenar, verás que al acabar te sentirás genial y habrá merecido la pena. Te lo aseguro.

También puedes mirar tu hoja de objetivos, ponerte algún video de algún referente que tengas que te motive, ¡no lo sé! Pero, por favor, haz lo que sea para conseguir salir. **Es aquí donde está la clave de este proceso.**

Te doy otra idea que incluso te causará más impacto: si algún día no te apetece nada salir y ves que te vas a quedar en casa, te propongo que busques a alguien que esté en tu casa, como un familiar, o llama a un amigo y cuéntale todo. Dile: "Tenía el reto de empezar a correr, pero hoy creo que voy a quedarme en casa, estoy fallando a mi palabra y hoy he sido débil". Nunca te autopresiones en exceso porque llevar todo al límite también es malo, pero de esta forma te darás cuenta de la realidad. Siendo sincero, puede que te sientas algo mal al confesar esto a algún ser querido, pero eso te dará fuerzas para salir a correr, pues el día siguiente no querrás sentir lo mimo o no te apetecerá tener que confesar eso de nuevo a nadie, por lo que preferirás salir para evitar la situación. Puede incluso que, si se

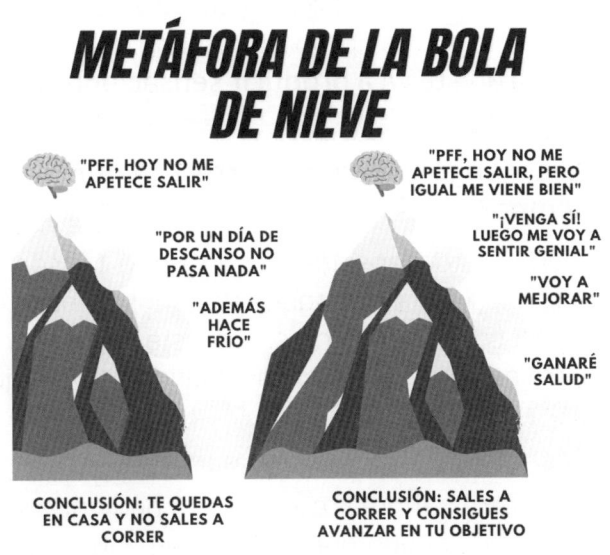

lo cuentas a alguien, esa persona te anime y motive y consiga hacer que cambies de pensamiento y salgas a entrenar. Y, ¡ey!, al acabar algún entrenamiento puedes hacer lo mismo, habla o manda un WhatsApp a esa persona y dile que hoy has cumplido, que eres la hostia y que te sientes fenomenal. De verdad que para empezar no hay más que ser fuerte mentalmente y disciplinado. Mira la idea de la bola de nieve, te puede ayudar:

Y te comento rápido otra idea, y es que **"lo que haces una vez, será más fácil hacerlo más veces"**. Si un día que no te apetezca correr no sales, la próxima vez que no te apetezca es más probable que te vuelvas a quedar en casa; en cambio, si un día que no te apetezca salir, sales, el próximo día ni pensarás que no te apetece y saldrás con mucha más facilidad. Así que, va, vamos a vencer a nuestra cabeza y a enseñarle quién tiene el mando y las riendas de nuestra vida.

Una vez hayas construido ese hábito, dejar de correr de un día para otro va a ser muy difícil, ya te habrás acostumbrado a guardar ese espacio en tu rutina, el cuerpo ya estará acostumbrado y, de hecho, lo más probable es que el cuerpo te pida salir a correr, ya que **te va a producir sensaciones increíbles.**

¿Cuántos días tengo que salir a correr? ¿A qué hora? ¿Cuánto tiempo?

Pues realmente esto depende mucho de la persona, sobre todo del horario, puesto que todos tenemos trabajo, estudio, familia, amigos, cosas pendientes... En este caso, te voy a dar pautas generales para que te hagas una idea y para que puedan ayudarte.

Todo el esfuerzo que te he pedido que no malgastes a la hora de empezar a correr, ahora sí que te voy a pedir que lo utilices, ya que, al principio, puede que llegue a ser mucho más difícil el decidirte a salir a correr, encontrar un hueco en tu horario y organizarte para poder salir de forma frecuente que la propia acción de correr. Entiendo que encontrar ese momento sea difícil, pero si de verdad quieres empezar a correr, es aquí donde tienes que poner tu carácter y tu disciplina para conseguirlo. Y la excusa del tiempo, perdón, pero no me vale, a veces hay que priorizar nuestro tiempo en distintos asuntos, eso es cierto, pero tiempo hay de sobra y también tenemos que invertirlo en mejorar en salud y crecer en nuestra vida. Y si toca quitar tiempo de entretenimientos o diversiones, te recomiendo que lo hagas, a la larga merecerá mucho la pena.

Una vez salgas, estoy seguro de que correr no será difícil y lo más seguro es que lo disfrutes.

Como tal, yo diría que salir a correr un mínimo dos días a la semana sería necesario para empezar. Volvemos a lo mismo, si queremos construir el hábito, lo siento, pero hay que salir a correr. No se puede construir un hábito saliendo un día a la semana o saliendo dos semanas dos días y a la tercera semana no salir ningún día. **En esta parte, o somos constantes, o se nos va a poner cuesta arriba todo esto de empezar en este deporte.**

Lo dicho, mínimo dos días a la semana, aunque tres días sería lo ideal y, como ahora estás empezando, si quieres entrenar aún más veces por semana, con cuatro días es más que suficiente. Al igual que te digo que solo un día a la semana no vale para construir un hábito, también te digo que entrenar seis o siete días a la semana tampoco es lo que te recomiendo, y más si vienes tras un periodo de sedentarismo o sin practicar ningún otro deporte. Por lo que, si empiezas de cero, con dos días o tres está genial; ahora bien, si ya practicabas otros deportes o llevabas un estilo de vida activo, puedes empezar a correr utilizando más días de entrenamiento.

Si haces lo de empezar a lo loco con seis o siete días de entrenamiento semanal empezando totalmente desde cero, esto es lo te puede pasar:

- Que te surja alguna lesión y te obligue a estar dos, tres o más meses sin correr y el dolor físico te hunda mentalmente.

- Desgaste físico y mental que haga que a la tercera semana ya estés aburrido de correr.

- Sobreentrenamiento.

- *Burnout*, esto es, un agotamiento físico y mental por altas exigencias en entrenamientos o competiciones.

Además, debo decirte que, aunque quieras empezar a correr ya**, el descanso es muy importante y necesario.**

Por todo lo dicho y para resumir:

Si nunca has corrido y por lo general llevas una vida tirando a sedentaria:

Si tu horario es apretado, sal **dos días a la semana** como MÍNIMO.

Si puedes hacer algún hueco más y te apetece entrenar, **tres días a la semana** es lo MEJOR para empezar a correr y construir el hábito.

Si practicas ya algo de deporte o te mueves más a lo largo de la semana:

Con **tres días** estaría perfecto para empezar a correr, pero si sacas tiempo, te apetece y no te produce mucho desgaste puedes entrenar perfectamente hasta **cuatro días a la semana** haciendo otros entrenamientos auxiliares que te ayudarán a empezar a correr (por ejemplo, entrenamientos de fuerza).

Si haces otro deporte de forma rutinaria y estás en buen estado de forma:

Las opciones de tres y cuatro días son buenas, aun así, podrías entrenar hasta **cinco días a la semana** incluyendo también entrenamientos auxiliares. Con todo, es casi mejor empezar por cuatro días y si te ves bien a la tercera o cuarta semana subir un día. Incluso podría ser bueno entrenar tres o cuatro días y añadir un quinto para otro deporte que te guste u otra actividad física. Esto se llama entrenamiento cruzado, ya que se hacen distintos deportes. Esto puede hacer que tu proceso sea más divertido y dinámico.

Una vez hayas pensado o te hayas hecho a la idea de la cantidad de días que vas a salir a la semana, quiero empezar diciéndote que esto se puede ir adaptando. Si ves que empiezas haciendo tres días a la semana y a la segunda semana te encuentras muy cansado e incluso con algo de desgaste mental, puedes bajar a dos perfectamente. Al contrario pasa exactamente lo mismo: si empiezas por dos días a la semana y desde el principio te engancha el deporte, física y mentalmente te encuentras bien y quieres aumentar un día y salir a correr tres días a la semana, a por ello.

Después de esto quisiera decirte que para construir un hábito mi recomendación y lo mejor que puedes hacer es establecerte un horario e intentar seguirlo al pie de la letra. Vamos a poner el ejemplo de que sales 3 días a la semana para ver cómo va esto. En ese caso, **lo ideal sería destinar siempre los tres mismos días para salir a correr,** por ejemplo, lunes, miércoles y viernes. Y lo mejor sería intentar seguir siempre estos días y a ser posible no saltárselos.

¿Por qué? Porque si consigues habituarte a unos días específicos, va a ser mucho más fácil salir a correr, porque vas a saber cuándo te toca y ya habrás empezado a adaptar tus días y tus rutinas. Si empiezas la primera semana saliendo lunes, miércoles y viernes y a la segunda corres martes, jueves y domingo, vas a estar desubicado, no vas a saber cuándo te va a tocar correr y es probable que alguna semana te saltes un entrenamiento o hagas uno de más y eso te lleve a un desgaste mayor al habitual. **Así, lo mejor es establecer los días que vas a entrenar e intentar seguir ese plan a rajatabla.**

Obviamente, también entiendo que no todos los días que tengas pensado correr podrás salir, al fin y al cabo, trabajo tenemos todos, exámenes, problemas, temas personales o familiares... Pero si sucede algo así, te pido que seas flexibles y que entiendas que por postponer o saltarte un entrenamiento no va a pasar nada, pero también me gustaría hacerte saber que lo mejor sería que la variación fuese lo más pequeña posible.

No sé si te habrás dado cuenta, pero, como has visto en el ejemplo que he puesto con los días de salir a correr, siempre he dejado al menos un día de descanso entre los días que entrenemos, y mantener esto creo que es muy importante, ya que, de tal forma, le dejamos tiempo al cuerpo para recuperarse y poder seguir entrenando perfectamente.

Si por alguna razón no puedes entrenar un día de los que tenías planeados y tienes que hacer una pequeña variación, lo mejor sería dejar siempre un día de descanso entre entrenamientos. Si te es imposible, ahora que estamos empezando es mejor que no realices el entrenamiento.

Si te estás iniciando en este deporte, puede llegar a ser desfavorable enlazar entrenamientos seguidos, puesto que tu cuerpo todavía no estará hecho a la carga de kilómetros y, como ya sabes, un desgaste excesivo te puede llevar a lesión y a perder mucho tiempo hasta que puedas volver a empezar a correr. Por lo que, volviendo a resumir:

(Ejemplo) Saldríamos a correr:

Lunes, miércoles y viernes.

Si hubiese algún contratiempo que nos impida entrenar, por ejemplo, el viernes, es mejor hacer:

Lunes, miércoles y sábado o lunes y miércoles.

Y sería mejor NO hacer: lunes, miércoles y jueves o lunes, miércoles y domingo.

De forma idéntica a lo de los días te propongo algo relacionado con las horas. Como vimos, el entrenamiento dependerá de la fase en la que te encuentres, pero durarán entre 30 minutos y una hora aproximadamente. Y **lo mejor es intentar asignar la misma hora para salir a correr todos los días.** Al fin y al cabo, como mucho estarás entrenando una hora u hora y cuarto, y estoy seguro de que sacar ese tiempo tres días por semana es más que posible para la mayoría.

Cada persona es un mundo y tiene su vida, es cierto, pero es probable que si eres alguien que cree que es imposible sacar un rato para correr, siento decirte que probablemente seas al que más falta le hace sacar ese ratillo, para liberarte un poco y volver a tomar las riendas de tu vida.

Ahora bien, lo que te vuelvo a recomendar es eso, que intentes salir a correr a las mismas horas o sobre el mismo rango horario. Pasa lo mismo que con los días, si te acostumbras a salir lunes, miércoles y viernes a las 19:00, cuando llegue uno de esos días a las 19:00 estarás listo para correr. Ahora bien, si un día sales a las 17:00, otro a las 22:00 y otro a las 7:00, te aseguro que a la tercera semana lo más probable es que hayas dejado de correr.

Si algún día tienes que retrasar la hora o adelantarla para salir a correr, lo puedes hacer, no pasa nada, pero cuanto menor sea el cambio mucho mejor para ti y para crear ese hábito.

Finalmente, te voy a poner dos ejemplos de dos semanas. El primero representa lo correcto y lo que te recomiendo hacer al 100 % para construir el hábito y para que correr se instale en tu rutina como algo satisfactorio y positivo para tu vida. En el segundo ejemplo, muestro otra rutina con la que te costaría construir ese hábito, con la que encontrar el momento para correr sería una odisea y con la que probablemente dejarías antes el running e incluso le llegarías a coger hasta un poco de manía a correr.

Ejemplo de dos semanas (CORRECTO):

Semana 1

Lunes, 18:00

Miércoles, 18:00

Viernes, 17:30

Martes, jueves, sábado y domingo: descanso

Semana 2

Lunes, 18:00

Miércoles, 18:45

Sábado, 18:00 (el viernes hubo algún contratiempo que nos impidió entrenar)

Martes, jueves, viernes y domingo: descanso

Lo positivo:

- Siempre dejamos al menos un día de descanso entre los días que salimos a correr.
- El horario lo intentamos mantener casi siempre a la misma hora y si hay algún contratiempo hacemos cambios pequeños de 30-45 minutos.

- Si hay un contratiempo que afecte al día entero, lo adaptamos para mantener ese día de descanso entre entrenamientos y mantenemos la misma hora.
- Intentamos correr los mismos días las dos semanas.

Ejemplo de dos semanas (INCORRECTO):

Semana 1

Lunes, 21:00

Miércoles, 15:30

Viernes, 17:00

Martes, jueves, sábado y domingo: descanso

Semana 2

Martes, 6:50

Jueves, 22:00 (el miércoles hubo algún contratiempo)

Viernes, 8:00

Lunes, miércoles, sábado y domingo: descanso

Lo negativo:

- Corremos días distintos en cada semana.
- No respetamos para nada el horario y entrenamos en horarios muy distintos.
- Si hay algún contratiempo en un día, juntamos dos entrenamientos seguidos aumentando así la probabilidad de lesión...

Para cerrar este capítulo, me atrevo a afirmar que esos 66 días de los que hemos hablado antes son demasiados. Te diría que si sigues estos consejos, si sales a correr 2/3 veces por semana los mismos días e intentando que sea siempre en el mismo horario, aunque la primera semana cueste organizar todo, a la cuarta o quinta, es decir, en mes y medio, ya todo será más fácil, tendrás tu horario organizado y ya prácticamente tendrás el hábito construido. Disfrutarás de lo que haces, de este deporte, y correr te servirá para crecer personal, física y mentalmente, y no como una actividad que te produzca un cansancio inhumano y que te genere dolor.

RESUMEN

- La parte más difícil de empezar a correr es conseguir construir el hábito y tener disciplina.
- Haz que salir a correr sea ameno y divertido para conseguir construir el hábito.
- No es necesario mucho tiempo para conseguir salir a correr de forma recurrente.
- Si consigues añadir a tu vida el hábito de correr, todo irá más fluido.
- Elige los mismos días y las mismas horas para salir a correr.
- Busca estímulos para que salir a correr sea más fácil o estímulos para recordarte cuándo tienes que salir a correr.

IDEA DEL CAPÍTULO PARA LLEVAR A LA PRÁCTICA

La idea de este capítulo es sencilla y es algo que te puede ayudar mucho en tu progreso. Capítulos atrás ya te he pedido algo similar, y es que para esta idea también quiero que cojas papel y boli y tengas un calendario a mano o un calendario en el móvil. Simplemente te voy a pedir que mires tu agenda y tus horarios y que te organices el siguiente mes ENTERO, con los días y las horas aproximadas a las que saldrás a correr. Y esto te lo tendrás que dejar en algún lugar visible o, si es con el móvil, ponte alarmas. ¿Te añado algo más? Enséñale ese calendario a alguien y dile lo que vas a hacer. Cuando cuentas tus objetivos o lo que te gustaría hacer a alguien más, es como que tu cabeza se lo cree más aún y es más fácil que consigas hacer lo que te propongas. Además, si algún día se te olvida que tenías que salir o no te apetece, es probable que la persona con la que has hablado te lo recuerde o te intente animar y apoyar para que consigas tus objetivos.

AVISO

Aquí llega el momento más importante de todo este proceso. **No es fácil introducir una actividad así en tu rutina y a medida que pasen los días te darás cuenta de ello. Te darán ganas de dejarlo o de saltarte algún entrenamiento. Por favor, no lo hagas.** Todo el esfuerzo o el sufrimiento que no vamos a sentir a la hora de salir a correr, ahora sí vamos a utilizarlo; si hace falta, tendremos que "jodernos" y, cuando no te apetezca salir, tirar de valor, sacrificio y disciplina para acabar saliendo. Te garantizo que aquí está la clave de todo esto, en salir cuando no haya ganas o las circunstancias no acompañen y cumplir con el plan. La constancia te hará empezar a correr. Y si algún día dudas o no te apetece entrenar, lo mejor que te puedo decir, repitiendo las palabras de un gran atleta llamado Chema Martínez, es: "No pienses, corre".

A APRETAR EL RITMOOO

7

OTROS ENTRENAMIENTOS

En este paso ya veremos otros entrenamientos algo más enfocados para no solo empezar a correr, sino también para mejorar corriendo. Como he ido comentando a lo largo del libro, antes de llegar hasta aquí, lugar en el que se pone algo más intensa e interesante la cosa y en el que los entrenamientos ya serán algo más duros, es mejor que sigas todos los consejos anteriores y que primero seas capaz de correr más o menos 45 minutos o una hora de seguido sin cansarte en exceso. Habrás desarrollado el hábito, habrás cogido placer por este deporte y, a partir de ahí, ya querrás mejorar tus carreras y tu ritmo corriendo. Aun así, ¡en esta parte también hay entrenamientos que se pueden empezar a realizar antes!

También debo decir que, por ejemplo, correr 3 días a la semana en forma de carrera continúa muchas semanas seguidas puede acabar siendo aburrido o incluso lesivo si no hacemos más cosas, ya que el cuerpo siempre hace los mismos movimientos, lo que lleva a un desgaste en los mismos puntos o zonas del cuerpo, las cuales, si no están entrenadas o no tienen mucha fuerza, pueden sufrir en exceso con la repetición del movimiento cíclico de la carrera y el impacto. Incluso si sales a correr siempre de la misma manera puede haber un punto en el que empieces a aburrirte de correr por los mismos sitios o de correr el mismo tiempo todos los días, o puede que dejes de mejorar y entres en "el punto de estancamiento" (punto en el que ya no mejoras más y tu nivel se estaca). En este caso, algunos de los entrenamientos que comentaré en este apartado se pueden ir implementando directamente cuando ya estés algo avanzado en el apartado de carrera continua o incluso algo antes, para mejorar tu ritmo, para variar haciendo otros entrenamientos y también para reducir la probabilidad de sufrir lesiones.

No he querido nunca tocar el apartado de velocidad, de ritmo o de intentar ir rápido, porque, si queremos empezar muy pronto con estos temas, pasa lo que he ido comentando, y es que existe la probabilidad de que se sufra en exceso, llegue el aburrimiento, la frustración, las lesiones o la desmotivación... **En estos entrenamientos sí que ya empieza a haber algo más de intensidad y, sí, es fácil que acabemos cansados e incluso que suframos algo más de la cuenta** (sin ser necesario llegar al límite). Hay personas a las que les gusta sufrir entrenando, como es mi caso, y siento decirlo, pero para mejorar en este deporte, o eres muy muy disciplinado, o también te tiene que gustar un poquito el entrenar algo más duro y el trabajar a diferentes intensidades. Personalmente, hay entrenamientos duros que disfruto, pero por lo general esto no tiene por qué gustarle a todo el mundo, y menos cuando estamos empezando, por lo que, si a la segunda semana de empezar ya estás metiendo entrenamientos muy intensos, lo más seguro es que correr sea una agonía y que empiece a dejar de gustarte. Así que vamos a ir metiéndole más intensidad, pero de forma controlada y periódica.

También debes conocer lo siguiente: en cualquier deporte, para mejorar, debe haber una sobrecarga progresiva. Vamos a poner el ejemplo del running, ya que este es nuestro tema. Por ejemplo, en cuanto al apartado de carrera continua, como has visto, lo que hacemos es ir subiendo semana a semana los minutos que estamos corriendo. Esto es una sobrecarga progresiva. La cosa es que si al cuerpo le acostumbramos a correr media hora siempre al mismo ritmo y ya no aumentamos ese tiempo ni la velocidad, mejorar es muy difícil, porque el cuerpo se acostumbra a lo que le des. En cambio, si cada semana le pides un poquito más, el cuerpo y nuestro metabolismo se irá adaptando para conseguir cambios y adaptaciones fisiológicas, y cada vez aguantará más tiempo corriendo a más velocidad y mejorarás.

El ir aumentando el tiempo de carrera semana a semana es un cambio algo complicado, pero no cuesta en exceso o no es muy sacrificado hacerlo; en cambio, con el ritmo la cosa cambia, porque cuesta un poco más. Eso sí, como pasa en este deporte y en todo en la vida, cuanto mejores somos en algo, más difícil es seguir mejorando. Es decir, tras las primeras sesiones en las que entrenes y trabajes el ritmo mejorarás mucho, pero, por ejemplo, si llevas 5 años entrenando, cada vez será más difícil conseguir mejorar un poquito más. **También te cuento esto para que disfrutes de tus primeros pasos trabajando tu ritmo y velocidad, ya que será cuando consigas mejoras notables y relativamente rápidas.**

Como hemos visto, para mejorar nuestro ritmo es interesante meter otro tipo de entrenamientos o de estímulos porque, aunque semana a semana vayas aumentando el tiempo de carrera, el ritmo será casi siempre el mismo o similar, siendo también cierto que, al principio, solo por ir corriendo más, cada vez podrás ir corriendo algo más rápido. Pasar de 0 a 6 es sencillo y no necesitas hacer un trabajo muy específico o complejo para conseguirlo. Ahora bien, para pasar de 8 a 9 cambia la cosa. Eso sí, pasar de 8 a 9 sigue siendo muy divertido y diría que hasta más apasionante.

Aunque en los primeros pasos sobre todo mejoremos en poder correr más tiempo, también nuestro ritmo irá mejorando; pero para mejorarlo de verdad te presento los entrenamientos que vienen a continuación. Tratan precisamente de eso, de aumentar la velocidad para que el cuerpo vaya haciendo esa sobrecarga progresiva y empiece a adaptarse y a mejorar para poder rendir más y cada vez poder correr a un ritmo un poco más alto. También veremos entrenos auxiliares y diferentes a solo correr que pueden facilitar y mejorar el camino desde ya. En resumidas cuentas, si queremos mejorar nuestro ritmo, la mejor forma posible sería combinar los entrenamientos de carrera continua y otros entrenos donde el ritmo sea más alto al habitual. Y si el ritmo es más alto, la intensidad también lo será, por lo que en cierto modo aumentarán la fatiga y el cansancio.

Si se quiere mejorar un poco más, tendremos que esforzarnos y trabajar; si mejorar fuese fácil y no requiriese esfuerzo, todo el mundo sería buenísimo en lo que quisiese. Y aunque los días que toque entreno duro vas a tener que meterle caña y va a haber que apretar un poco más entrenando, la mayoría de los días te tocará hacer un entreno sencillo a una intensidad moderada. De hecho, uno de los métodos de entrenamiento más estudiados actualmente y que mejores resultados está dando a nivel popular y profesional es el modelo polarizado, el cual nos dice que el 20 % de los entrenamientos tienen que ser a mayor intensidad y el 80 % tienen que ser a una intensidad moderada, fácil de mantener. En este 80 % es donde nos encontramos la carrera continua o, como a los runners y atletas nos gusta llamarlo, "los rodajes". Si nos imaginamos una escala de percepción de esfuerzo del 1 al 10, siendo 1 cuando apenas te estás esforzando o sufriendo (caminar) y siendo 10 cuando vas agónico, con el pulso altísimo y con una respiración muy forzada (corriendo a tope), la intensidad a la que tendrías que ir en los rodajes según esta escala sería de entre 3 y 5. En resumidas cuentas, sí, hay que esforzarse más en algún entreno y algún día para mejorar, pero la mayoría de los entrenos serán sencillos. Eso sí, para mejorar de verdad hay que tocar ambas partes, así que ¡a convertirte en un runner de alto nivel!

Y ahora —prometo que esto es lo último que cuento antes de pasar a los entrenamientos— quiero hablar de algo que es importante, y es que el ritmo y las pulsaciones están muy vinculadas en el running y las mejoras del ritmo también se pueden entender viendo como varía nuestra frecuencia cardiaca con el tiempo. Te lo explico muy fácilmente: si corres una hora y vas tranquilo, disfrutando de la carrera, vas a ir a unas pulsaciones relativamente bajas; ahora bien, si corres solo 10 minutos pero vas bastante más rápido, en esos 10 minutos las pulsaciones estarán mucho más altas que en la hora corriendo y, de esta manera, se consiguen adaptaciones con las que el cuerpo mejorará y producirá cambios en nuestro organismo para mejorar nuestro ritmo y pulso corriendo.

También me encantaría hacer aquí un pequeño inciso en cuanto a la frecuencia cardiaca y las pulsaciones, ya que, si entiendes esto, vas a poder tener un control muy bueno de la intensidad a la que entrenas, vas a saber si estás entrenando bien o si te estás pasando y vas a disfrutar más entrenando. Si vas a las pulsaciones correctas en los rodajes o en la carrera continua, no tienes por qué sufrir y la percepción de esfuerzo será, como hemos dicho, de entre 3 y 5 sobre 10. Por si fuera poco, vas a mejorar mucho más y más rápido, pues mucha ciencia detrás del running se basa en la frecuencia cardiaca. Por ello, conocer y entender lo que te voy a comentar es clave y te puede ayudar mucho a mejorar.

Voy a intentar hacerlo sencillo, pero si te gusta o si te llama la atención todo este tema te recomiendo investigar un poco más, ya que, por ejemplo, hay algo que se llama "zonas de entrenamiento" (cada entrenador utiliza un número, podría variar entre 3 y 5), en las que, con el pulso y ritmo, todo corredor puede saber de forma aproximada sus zonas de entrenamiento (que simplemente son zonas de distintas intensidades) y, luego, dependiendo de la zona en la que entrenes, mejorar unos aspectos u otros a nivel fisiológico. Pero no nos vayamos por las ramas, en este libro vamos a simplificar todo mucho para hacerlo fácil, y en este caso simplemente voy a dar dos rangos de porcentajes de frecuencia cardiaca (o dos zonas de entrenamiento) para que los utilices entrenando.

Para ello, lo primero de todo es calcular tu frecuencia cardiaca máxima aproximada. Para conocerla, hay una formula muy sencilla pero muy poco individualizada: **220 - tu edad**. Pero esta fórmula es muy general y tiene muy pocas cosas en cuenta, por lo que, si tienes tiempo, aquí te dejo otra algo más exacta que te recomiendo hacer en un momento.

Mujeres: FCmáx= 204,8 – (0,812 x edad) + (0,162 x FCReposo) – (0,105 x peso corporal) – (6,2 x código fumar)

Hombres: FCmáx= 203,9 – (0,812 x edad) + (0,276 x FCReposo) – (0,084 x peso corporal) – (4,5 x código fumar)

El código fumar es:

Fumar = 1

No fumar = 0

Otra forma de calcular la FCmáx (frecuencia cardiaca máxima), pero en este caso siendo 100 % exacta, es con una prueba de esfuerzo. Si tienes la posibilidad, podrías realizarte una (más adelante hablaremos un poco sobre estas pruebas). Una última forma de conocer tu FCmáx es, por ejemplo, darlo todo al final de un entrenamiento o carrera y, entonces, ver a qué frecuencia has llegado. Es posible que ese valor esté cercano a tu máximo. Estas fórmulas se aproximan tu FCmáx, pero pueden tener un margen de error.

Una vez hayas obtenido tu FCmáx o un valor aproximado, te presento las dos zonas de entrenamiento que priorizaremos y donde haremos nuestros entrenamientos. También te comentaré las mayores mejoras que podrías conseguir corriendo aquí:

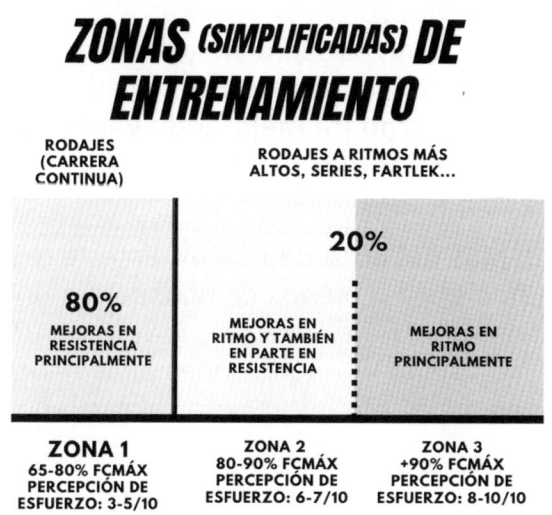

ZONA 1: Entre el 65 y el 80 % de FCmáx. A esta intensidad sería interesante hacer la carrera continua o los rodajes. A esta intensidad habrá algo de mejora en cuanto al ritmo, pero principalmente grandes mejoras en cuanto a la resistencia. Fisiológicamente hay muchas adaptaciones que promueven esta mejora de la resistencia, pero para explicarlas y que se entendieran habría que hacer otro libro y con la idea general creo que está bien. Esta zona o intensidad también sería la recomendable para hacer los intervalos de carrera cuando

estés utilizando la técnica CACO. **Al principio, es normal que tengas un pulso bastante alto y puede que te pases fácilmente del 80 %.** Si te pasa esto, intenta bajar el ritmo para buscar los objetivos que más te beneficiarán, pero si no bajan las pulsaciones, lo dicho, no te preocupes, al principio es muy normal y a medida que pasen los entrenos las pulsaciones irán bajando. También de esta forma quiero seguir demostrándote que correr no tiene que ser algo muy sufrido o cansado, pues es incluso probable que los primeros días tengas que ir muy despacio para conseguir mejoras y conseguir hacer el entrenamiento a la intensidad o en la zona "más beneficiosa" para este tipo de entrenamientos. **Eso sí, cada vez que vayas entrenando, tu cuerpo irá mejorando y a las mismas pulsaciones cada vez irás más rápido.** Si te pasa esto, celébralo, ya que significa que estás mejorando.

ZONA 2 y 3: Más del 80 % de FCMáx. En este caso entrenaríamos durante poco o menos tiempo, pero a un ritmo más rápido (ritmos vivos, series o fartlek, lo veremos más adelante). A esta intensidad y a pulsaciones altas habrá una gran mejora en cuanto al ritmo y mejora relativa en cuanto a la resistencia.

La mayoría de los métodos de entrenamiento recomiendan hacer en torno al 20-25 % de kilómetros que corras a la semana a esta intensidad, en estas zonas 2 y 3. Como vemos, esta parte podría abarcar muchas intensidades, ya que es un rango bastante amplio. Al estar empezando a correr, esta intensidad puede ser muy grande y, de momento, con estar o sumar entrenamientos en la zona 2 (mira el gráfico anterior) conseguirás mejorar mucho, aunque, si te animas, tienes buena tolerancia al sufrimiento y sientes que tu cuerpo puede manejar esa intensidad sin dolores o molestias, puedes darle caña y hacer algún entrenamiento de más intensidad.

Calcular el porcentaje de frecuencia cardiaca máxima y saber en qué porcentaje estás es algo bastante sencillo. Una vez tengas tu FCmáx, imaginémonos que has obtenido 192. Pues ahora, para sacar el 65 % deberías de multiplicar 192 * 0,65 = 125, y el 80 % sería 192 * 0,8 = 153. Teniendo esto, ya sabrías que para hacer los rodajes tendrías que ir entre 125 y 153 pulsaciones aproximadamente y para hacer entrenos de más intensidad tendrías que pasar las 153 pulsaciones. Hecho esto, ya tenemos dos franjas básicas para empezar a entrenar. Ahora igual te preguntas cómo sabes a que pulsaciones vas cuando estás corriendo. Pues para saberlo, lo más sencillo (si no cuentas con un pulsómetro) es parar un tiempo cuando estés corriendo y durante 6 segundos contar cuántas pulsaciones notas. Es decir, vas corriendo, paras y en cualquier parte del cuerpo (pecho, cuello, muñeca o donde mejor te localices el pulso) te tomas el pulso. Al hacer esto, habrás contado hasta un número, por ejemplo, 15, y entonces le tendrás que añadir un cero. Esas serían las pulsaciones a las que estás corriendo aproximadamente, es decir, en este caso, en torno a 150 pulsaciones. En este ejemplo, si tu entrenamiento era un rodaje, estás yendo a la intensidad adecuada y deberías seguir con ese ritmo y sensaciones. No hace falta estar haciendo esto cada minuto, pero al empezar sí puedes hacerlo en algún entrenamiento para asegurarte de que estás entrenando de la forma más adecuada. En cuanto lo hagas varias veces en distintos entrenamientos irás aprendiendo a escuchar a tu cuerpo y cada vez te hará menos falta ir midiéndote el pulso.

Otro indicador interesante sería que antes del 80 % de la FCmáx, es decir, en la zona 1, podrías ir manteniendo una conversación de forma relativamente sencilla, y a más del 80 % de la FCmáx sería difícil estar hablando. Esta también es una buena prueba mientras estás corriendo para saber si lo estás haciendo bien o si podrías subir o bajar un poco el ritmo.

Ahora bien, también me gustaría aclarar algo. Entrenar no va a ser hipercostoso, y más cuando estamos empezando a correr, pero tampoco podemos "jugar" o ir muy tranquilos. Me explico: en los rodajes no deberíamos ir a menos del 65 % de FCmáx; en realidad, sí que podríamos ir, pero si lo hacemos no mejoraremos apenas, nos estancaremos y no conseguiremos tantas adaptaciones, así que, si estás corriendo, te mides el pulso y vas a menos del 65 % de FCmáx (difícil de que ocurra, sobre todo al empezar), habría que intentar apretar un poco el ritmo. Aun así, lo dicho, por el mero hecho de correr es muy probable que llegues a esas pulsaciones o más.

No obstante, sí existe algún momento en el que puedes bajar de esas pulsaciones, por ejemplo, a la hora de caminar cuando estés haciendo los intervalos de caminar y correr. En ese momento sí se podría e incluso sería recomendable bajar, ya que así te recuperarás y podrás hacer el siguiente intervalo de carrera de forma correcta. Otro momento sería en el descanso entre las series (entrenamiento que veremos más adelante). Por otro lado, en cuanto a pasarte del 80 % de tu FCmáx, podrías pasarte cuanto quisieses hasta llegar al 100 % de tu FCmáx. Eso sí, a medida que aumente este porcentaje, tu cuerpo aguantará menos tiempo corriendo y tendrá que parar por la fatiga. La ciencia estima que al 80 % de FCmáx podemos aguantar varias horas, pero si ya nos vamos al 90/95 % de FCmáx hablaríamos de 30 minutos/1 hora o algo ligeramente superior. Al 100 % de FCmáx, en cambio, aguantaríamos algunos minutos.

Por tanto, en estos primeros pasos tampoco te obsesiones ni le des demasiadas vueltas a todo esto, es algo complejo y podríamos debatirlo o profundizar mucho más. Eso sí, diría que, como resumen, tanto para el paso de la carrera continua como para el paso de los intervalos de correr y caminar una buena clave podría ser no pasarse de ese 80 % de FCmáx. Y si lo pasas, que no sea por mucho. En este momento, buscamos empezar a correr, no mejorar nuestro ritmo, por eso sería bueno hacer los intervalos de carrera entre el 65 y 80 % de FCmáx, para conseguir mejoras y también disfrutar de los entrenamientos. Por otro lado, si más adelante empiezas a hacer entrenos de más intensidad, los cuales ahora explicaré, sí puedes pasar del 80 % de la FCmáx (incluso sería lo más recomendable para mejorar también el ritmo). Pero todo siempre con coherencia, escuchando al cuerpo y disfrutando del proceso.

Conociendo todo esto ya sabes que, si queremos mejorar nuestro ritmo, nos va a tocar reducir el tiempo en el que corramos, pero a la vez tendremos que hacerlo más rápido, y todos sabemos que correr más rápido es más difícil que correr tranquilo. Es hecho, pero si quieres mejorar tu ritmo, esto es lo que toca ahora.

Antes de los entrenos, vamos a resumir de forma sencilla lo que acabamos de ver, ¿vale?

- Cuando estés en el paso de intervalos entre correr y caminar o en el paso de la carrera continua, prueba a medirte de vez en cuando tus pulsaciones y en estos entrenos intenta estar entre el 65 y 80 % de tu FCmáx cuando corras.

- En los intervalos de caminar es bueno y no hay problema en bajar del 65 % de FCmáx para recuperar.

- Si en algún momento te animas a hacer entrenos de más intensidad para mejorar tu ritmo y velocidad, intenta hacerlos a más del 80 % de FCmáx.

- Al principio es normal que tu pulso vaya alto; si ocurre esto, puedes y sería bueno intentar bajar tu ritmo para que también bajen tus pulsaciones, pero si sientes que tendrías que ir muy muy despacio y de sensaciones vas bien, no te preocupes tanto por el pulso. A medida que vaya pasando el tiempo irás mejorando y las pulsaciones bajarán.

- Cuando vamos entrenando y ponemos nuestro corazón a trabajar, pasan principalmente dos cosas. La primera es que las paredes de músculo que tiene el corazón se hacen más fuertes. Y la segunda es que las cavidades del corazón donde entra la sangre crecen. Así, iremos consiguiendo un corazón en el que cabe más sangre y en el que esta sangre se bombea más fácilmente y sin tanto esfuerzo. Por esto, a medida que vayamos entrenando, las pulsaciones van a ir bajando.

Los tres primeros entrenamientos que voy a presentar los vas a poder aplicar muy pronto, prácticamente desde que ya lleves algún tiempo en el paso de la carrera continua y ya puedas correr de seguido unos 25-30 minutos. ¡Vamos a verlos!

1.er entrenamiento: Rodaje en progresión (aumentar poco a poco o al final)

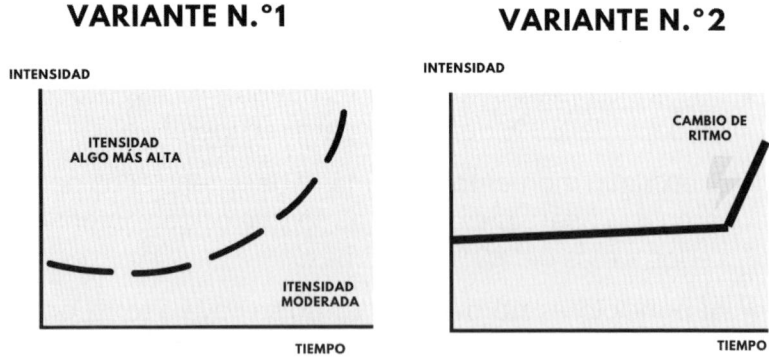

VARIANTE N.°1

INTENSIDAD

ITENSIDAD ALGO MÁS ALTA

ITENSIDAD MODERADA

TIEMPO

VARIANTE N.°2

INTENSIDAD

CAMBIO DE RITMO

TIEMPO

En este entrenamiento lo que vamos a empezar a añadir en nuestras carreras pueden ser dos variantes. Al empezar yo recomiendo más la segunda, pero te voy a contar las dos por si quieres probar ambas. La primera variante trata de salir a tu ritmo normal o incluso más lento de lo habitual y, progresivamente, ya sea mediante el tiempo o mediante kilómetros, ir aumentando la velocidad.

> Antes de seguir, en el momento en el que empieces esta sección ya sí te recomiendo empezar a olvidarte un poco más del tiempo y empezar a combinarlo con ir viendo tu ritmo por kilómetro (algo que miden todas las aplicaciones), pues ahora mismo ya estás preparado/a para poder ver tu ritmo de media y seguro que será bonito ir viendo la mejora.

De lo que trata este entrenamiento es de que si, por ejemplo, te tocan 40 minutos, la idea es que salgas despacio, más despacio de lo habitual, y cada cinco minutos vayas aumentando un poco el ritmo hasta acabar los últimos dos bloques de 5 minutos o los últimos 5 minutos más rápido que el ritmo habitual que llevas en tu carrera continua.

Y la segunda variante, que es la que yo recomiendo, trata de apretar solo al final, es decir, tendrías que salir a tu ritmo de siempre (tranquilo y sin excesivo cansancio) y, al final de la carrera, ya sean los últimos 2 kilómetros, los últimos 5 o los últimos 10 minutos, según las fuerzas que tengas y según tus sensaciones, apretar un poco el ritmo. Aunque apretemos el ritmo al final o lo vayamos apretando de forma progresiva, tampoco es necesario hacer un cambio brusco y ponerte a *sprint* o cambiar mucho la velocidad y acabar destrozado/a, si no que la clave es hacer un pequeño cambio que se note y que te haga sentir que el cuerpo trabaja algo más y que te cansas un poco más que otros días. Otra cosa para tener en cuenta es que si cambias y aumentas un poco el ritmo al final, lo mejor sería que lo mantuvieses, es decir, no me vale que a falta de dos kilómetros para acabar aumentes el ritmo pero te pases de intensidad y no acabes el entrenamiento, o que por haber aumentado mucho el ritmo el último kilómetro te salga el más lento de tu entrenamiento porque has "petado". Por lo que no es necesario hacer un cambio brusco, simplemente hay que aumentar un poco más la velocidad respecto a los kilómetros previos e intentar aguantar ese ritmo desde que lo cambias hasta acabar tu entrenamiento.

Para mejorar en este tipo de entrenamientos puedes, o cada vez alargar un poco más el tiempo final que aprietas, o mantener siempre el mismo ritmo y cada día, en esos últimos cinco minutos, apretar un poco más que el día anterior. Lo cierto es que si llevas esto a cabo, seguro que al tercer entrenamiento tu carrera normal ya será un poco más rápida con el mismo esfuerzo y esos últimos cinco minutos apretarás cada vez un poco más.

Para poner un ejemplo algo más práctico y ya con números, esta sería una forma según la primera variante:

Por tiempo: 40 minutos empezando a 6'40"/km y cada 5 minutos bajar 10 segundos por kilómetro, por lo que, cuando te queden 35 min tendrás que ir a 6'30"/km y al final acabarás a 5'20"/km los últimos 5 minutos. Todos estos datos son orientativos, organízate como tú veas para poder acabar el entrenamiento, sentir que mejoras y sin pasarte mucho de intensidad.

Por distancia: 6 km empezando a 6'40"/km y cada kilómetro bajar 10 segundos para acabar el último a 5'40"/km.

La segunda variante sería:

Por tiempo: 40 minutos a 6'20"/km y los últimos 5/10 minutos correr a 5'40"/km.

Por distancia: 6 km a 6'20"/km y el último hacerlo a 5'30"/km.

2.º entrenamiento: Entrenamiento de cuestas.

- **CUESTA MODERADA**
- **80-200 M**
- **SUBIDA RÁPIDA**
- **BAJADA TRANQUILA**

El segundo tipo de entrenamiento es el entrenamiento de cuestas. Realmente este entrenamiento es muy sencillo. Para implementarlo, una buena forma es primero hacer tu entrenamiento de carrera continua habitual reduciendo el tiempo o la distancia (a modo de calentamiento) y, después, incluir alguna de estas cuestas.

Al fin y al cabo, este entrenamiento trata de elegir una cuesta. Realmente vale cualquier tipo de cuesta, aunque una recomendación a grandes rasgos sería que fuese una sin una pendiente excesiva ni tampoco una cuesta que sea tirando a llana, es decir, una cuesta moderada y coherente de entre 80 a 200 m. El entrenamiento trata de bajarla muy despacio, incluso andando, para conseguir una recuperación completa y, al subir, hacer un gran esfuerzo y forzarte un poco hasta completar la cuesta. En este entreno sí que se puede apretar bastante y, mientras no notes ninguna molestia o algo raro, puedes meterle intensidad. La clave también reside en llevar un esfuerzo alto pero equilibrado, es decir, de nada nos sirve hacer la primera cuesta a tope, por ejemplo, en 32 segundos, y luego tardar en cada cuesta 43 segundos. Lo ideal en este ejemplo sería intentar hacer todas en torno a 37-39 segundos.

Lo que puedes hacer, por ejemplo, es acabar el tiempo de carrera continua que te toque o reducir algo ese tiempo, para después ir a buscar una cuesta de las mencionadas características o similares y realizar unas 5-10 repeticiones. En el atletismo popular este es un entrenamiento que hacemos frecuentemente y, como tal, se basa en calentar y dedicar un entrenamiento solo a las cuestas. Hacemos unas 10-20 repeticiones de una cuesta de unos 200 m a un ritmo elevado. Te cuento esto porque si algún día te apetece puedes hacer también algo similar y, en vez de hacer toda la carrera continua, puedes calentar corriendo más despacio de lo habitual, unos 10 minutos, y después hacer más series de cuestas a un ritmo algo más alto o en una cuesta de más distancia.

¿Por qué hacer este entrenamiento?

Porque el entrenamiento de cuestas tiene enormes beneficios y es un gran entrenamiento para mejorar tu ritmo y tu resistencia. Algunos beneficios son los siguientes:

- Aumenta la potencia muscular.
- Mejora la fuerza de piernas.
- Ayuda a prevenir lesiones. Al fin y al cabo, piernas más fuertes es igual a piernas más difíciles de romperse o lesionarse.
- Se consigue una zancada más eficiente.
- Mejora tu economía de carrera.

Implementa este entrenamiento si quieres mejorar en tu potencia, ritmo y resistencia. Y, realmente, puedes cambiar un día de tu semana en el que te toque la carrera continua por un entrenamiento de cuestas o puedes implementar un nuevo día de entrenamiento para realizar el entrenamiento de cuestas. Al fin y al cabo, llegados a este punto, ya podrás enlazar dos días de entrenamiento seguido sin mucha dificultad y entrenar cuatro/cinco días a la semana no sería un problema.

3.ᵉʳ entrenamiento: Entrenamiento de fuerza

El entrenamiento de fuerza es otro entrenamiento recomendado no solo para cualquier corredor, sino también para cualquier deportista o persona (excepto si existiese alguna patología que lo desaconsejase). Haciendo entrenamientos de fuerza, ya sea en gimnasio o en casa, con pesas, con nuestro propio peso... mejoraremos mucho. Este tipo de entrenamientos es fundamental para cualquier deportista.

En el running es especialmente importante y tiene numerosos beneficios que explicaré a continuación. Al fin y al cabo, al correr, utilizamos principalmente las piernas, por lo que sobre todo vamos a focalizar este entrenamiento de fuerza en el tren inferior. Aun así, durante la carrera también braceamos y, sabiendo esto, realizar ejercicios también de tren superior y hacer entrenamientos de *full body* (entrenamientos donde se trabajan todos o la mayoría de los músculos del cuerpo) es una buena alternativa. Por ejemplo, entrenar la región del abdomen/core también nos ayudará en gran medida, ya que estos músculos nos ayudan en nuestra postura y nos mantienen erguidos para correr con una buena técnica.

Con este tipo de entrenamiento vamos a mejorar nuestros tiempos y nuestros ritmos en carrera. El motivo es sencillo: cuanto más fuertes sean y más potencia tengan nuestros músculos, menor esfuerzo tendremos que realizar tras cada zancada y menos energía tendremos que utilizar. De esta forma, al mismo ritmo, una persona que haga entrenamientos de fuerza va a necesitar menos esfuerzo para correr que otra que no haga entrenamientos de este tipo.

Está extendido el mito de que si entras al gimnasio te vas a poner enorme y vas a ganar mucha masa muscular, pero este mito es FALSO. **Entrar al gimnasio no es sinónimo de ponerte grande.** De hecho, si no haces un superávit calórico (comer más calorías que las quemadas en un día) no vas a ganar peso y, como vamos a combinar el gimnasio con más días de carrera, ganar peso o ganar mucho músculo no será muy factible. Además, la hipertrofia (ganancia de masa muscular) no será el objetivo principal que busquemos al entrenar la fuerza como corredores. Lo más lógico, lo mejor y lo que vamos a conseguir añadiendo entrenamientos de fuerza es ganar fuerza general. También ganaremos algo de masa muscular, podremos reducir grasa y conseguiremos articulaciones, músculos y tendones más sanos, fuertes y reactivos, lo que nos ayudará mucho a la hora de correr y también a prevenir lesiones.

Piénsalo de otro modo, ¿conoces a algún atleta profesional de fondo? Por ejemplo, Eliud Kipchoge (mejor maratoniano de la historia a mi parecer). Si no le conoces, búscale rápido en Google. Este atleta es bastante delgado y te garantizo que hace entrenamientos de fuerza, por lo que no te asustes, por entrar al gimnasio no vas a ponerte grande tan fácilmente.

Más beneficios de la fuerza son la mejora en la salud y el sistema inmunológico. Hay estudios donde se ve que, a mayor edad, las personas con más masa muscular tienen un mejor estado de salud. Relacionado con la carrera, este entrenamiento mejora nuestra economía de carrera, potencia, fuerza explosiva, técnica...

Otro aspecto importantísimo, prácticamente el beneficio más importante de la fuerza, es que va a reducir la posibilidad de lesión. Como vimos con los entrenamientos de cuestas, si nuestros músculos son más fuertes, más difícil será que se rompan y más difícil será lesionarse. El entrenamiento de fuerza es probablemente, y así lo evidencia la ciencia, la mejor opción en cuanto a la prevención de lesiones, seguida por un buen descanso, nutrición, un entrenamiento apropiado...

¿Cuándo añadir el entrenamiento de fuerza?

Creo que realmente desde el primer momento en el que empecemos a correr se podría implementar este entrenamiento y, a poder ser, sería muy interesante utilizar un día más a la semana en el que incluyamos un entrenamiento de este estilo. Como hemos visto, el entrenamiento de fuerza es fundamental, por lo que incluirlo desde el primer momento es una opción que, sin duda, va a hacernos mejorar a pasos agigantados y nuestro proceso de empezar a correr se hará más sencillo. Aun así, también entiendo que si empezamos desde cero a hacer deporte, comenzar a realizar ejercicio tres días a la semana y además meter un día de entrenamiento de fuerza puede ser complicado. Entendiendo esto, no creo que hubiese problema si lo dejásemos para algo más adelante (pero no mucho), por ejemplo, para cuando ya estemos en el apartado de carrera continua. En ese caso, además de esos tres días, sería muy interesante intentar meter uno o incluso dos días de entrenamiento de fuerza a la semana para trabajar el tren inferior y para hacer algún entrenamiento de *full body* (cuerpo completo) y así incluir también ejercicios para brazos y tronco.

Puede y suele pasar que el entrenamiento de fuerza pase como un entrenamiento algo más tapado, y esto es algo que deberíamos cambiar. Aunque a nosotros lo que nos apetezca o interese es correr, si incluimos este tipo de entrenamiento desde nuestros primeros pasos e incluso sacrificamos un día de entrenamiento de carrera para añadir uno de fuerza, sin duda veremos la diferencia, y lo mejor es que sufriremos menos lesiones en este camino. Así que lo dejo un poco en tus manos, quiero que en estos primeros momentos disfrutes y te lo pases bien, pero si ves viable o incluso quieres descartar un entreno de carrera para introducir algo de fuerza, creo que sería una decisión muy acertada.

El entreno de fuerza también podrías introducirlo el mismo día que corres, por lo que, si te es muy difícil sacar otro día para entrenar, podría ser muy interesante un día correr algo menos que lo que tenías planeado y hacer una pequeña sesión de fuerza. La ciencia nos dice que lo ideal sería dejar unas horas entre estos dos entrenamientos para conseguir los máximos beneficios de ambos, así que si pudieses hacer esto, genial. En cambio, si estás algo limitado por tiempo y por tu estilo de vida, también los podrías hacer de forma seguida. Y si te preguntas cuál hacer primero, esto no acaba de ser del todo relevante, haz primero aquel con el que te sientas más cómodo/a y distribuye estos dos entrenamientos según a ti más te apetezca y más vayas a disfrutar de esas sesiones.

¿Dónde podemos hacer estos entrenamientos?

Sinceramente, como este entrenamiento solo lo haríamos un día o dos a la semana, no creo que sea rentable inscribirte a un gimnasio, por lo que te recomiendo entrenar en casa, en algún parque de barras o en un parque cualquiera. De esta forma podremos entrenar también perfectamente. Aunque si puedes permitírtelo y lo prefieres, el gimnasio o algún espacio deportivo con buen material podría ser la mejor opción, puesto que los materiales, máquinas y entrenadores profesionales que encontrarás ahí pueden ser de gran ayuda.

¿Cómo hacer entrenamientos de fuerza?

En el caso de que elijamos solo un día para hacer fuerza, trataríamos de hacer un trabajo completo incluyendo más ejercicios del tren inferior.

Porque, como hemos dicho, al fin y al cabo corremos con las piernas, y los músculos de las piernas son los que más desgaste sufren a la hora de correr. Sabiendo esto, lo mejor es incluir más ejercicios para piernas y así poder mejorar en nuestras carreras.

También debemos incluir algún ejercicio de tren superior (brazos y tronco), ya que utilizamos el braceo cuando corremos y, aunque el desgaste sea menor al no haber impacto como pasa en las piernas, los brazos y el tronco también se cansan. Por tanto, tener músculos más fuertes y resistentes en brazos y tronco también es algo positivo y que nos hará progresar.

Por último, y muy importante, hay que trabajar el abdomen. El abdomen y la zona lumbar (core) son, junto con las piernas, lo más importante a trabajar en un atleta. Esto es así porque el abdomen entra en acción sobre todo cuando se trata de nuestra postura. Nuestra postura en carrera es muy importante y cuanto más fuerte y trabajado tengamos el abdomen, mejor postura llevaremos al correr, menos sufrirán la región lumbar y las articulaciones y mejor técnica de carrera tendremos. En este caso, yo sugeriría que el día exclusivo para entrenar fuerza incluyas ejercicios de abdomen, pero, aun así, algo que muchos corredores hacen y que recomiendo hacer es que, al menos 3 días por semana, trabajes esta región del core. En este caso, con una rutina de 10/15 minutos es más que suficiente, así que para entrenar el abdomen y la zona lumbopélvica sí que podemos utilizar los días que nos toque entrenamientos de carrera y, antes o al finalizar estos entrenamientos, hacer algún ejercicio o rutina hasta completar esos 10 minutos e ir mejorando en este aspecto.

En resumen, si hiciésemos solo un día de entrenamiento de fuerza a la semana, un ejemplo de un buen entrenamiento sería hacer una rutina de *full body* incluyendo más ejercicios de tren inferior, pero también añadiendo algún ejercicio de tren superior y abdomen.

FUERZA HIPERTROFIA

3/4 SERIES X 8-12 REPETICIONES

2-3 REPETICIONES EN RECÁMARA

1-2' REC

VELOCIDAD CONTROLADA

SENTADILLA

HIP THRUST

PESO MUERTO

FUERZA
POTENCIA/VELOCIDAD

3/4 SERIES X 8 REPETICIONES

8-12 REPETICONES EN RECÁMARA

2-4' RECUPERACIÓN

MÁXIMA VELOCIDAD
CONCÉNTRICA

Antes de poner un ejemplo de rutina, te pido atención en esta parte, ya que el entrenamiento de fuerza es un mundo muy amplio y también tiene sus complejidades.

En este libro veremos algún concepto teórico y práctico sencillo, con la intención de que sea comprensible para la mayoría de los corredores. Como ya hemos visto, en las ciencias del deporte es prácticamente imposible pautar algo que le vaya a servir a todo el mundo, y estamos viendo o poniendo ejemplos que podrían llegar a servir, pero después cada persona y circunstancia es un mundo y tendría sus necesidades particulares. Como mencioné en esta parte, si ves interesante el entrenamiento de fuerza, te animo encarecidamente a que tu siguiente adquisición sea algún libro o recurso sobre este tipo de entrenamiento para poder sacarle más partido y aprender de algún gran profesional en este campo.

La fuerza tiene muchas y variadas manifestaciones. Ahora bien, en este caso vamos a diferenciar principalmente dos tipos de entrenamientos de fuerza, uno que busca la hipertrofia (ganar masa muscular, músculos más grandes) y otro que es más específico para runners en busca de ganar potencia y velocidad. ¿Qué sucede aquí? Pues que el running es un deporte bastante explosivo, donde buscamos generar fuerzas rápidamente con gran potencia y velocidad en cada zancada, ya que el contacto con el suelo dura muy poco tiempo. Sabiendo esto y las características de nuestro deporte, el tipo de fuerza que más nos ayudaría para mejorar sería un tipo de fuerza con la que trabajásemos esa explosividad y potencia para transferirlas después a la carrera. ¿Cómo se hace este entrenamiento de fuerza? Pues consiste en hacer pocas repeticiones, unas 8, con poco peso, es decir, dejando varias repeticiones en recámara (entre 8 y 12). Repeticiones en recámara quiere decir que cuando acabas un ejercicio queda una determinada cantidad de repeticiones que podrías haber hecho de más hasta llegar al fallo muscular (no poder hacer otra repetición por fatiga). Por lo que, como ves, nos dejaríamos muchas repeticiones en recámara y la percepción de esfuerzo no sería mucha.

Para resumir todo, por ejemplo, en sentadillas deberías hacer 8 repeticiones y, al acabar el ejercicio, sentir que podrías haber hecho unas 8-12 repeticiones más hasta no aguantar otra. Normalmente esta intensidad se encontraría en torno al 65 % de tu 1RM (repetición máxima). El 1RM es el máximo peso que puedes hacer en una repetición. Por ejemplo, si seguimos con las sentadillas, si el máximo peso con el que puedes hacer solo una repetición de sentadilla son 100 kg, 100 kg sería tu 1RM y el 65 % de tu 1RM serían 65 kg, por lo que, para entrenar de una forma algo más adecuada en este tipo de fuerza, lo recomendable sería hacer unas 8 repeticiones con 65 kg. Haciendo esto, como hemos comentado, al acabar el ejercicio deberías sentir que podrías haber hecho unas 8-12 repeticiones más. Para saber cuánto peso utilizar más o menos a la hora de entrenar podrías hacer dos cosas. La primera sería ir un día al gimnasio y hacer un test de los ejercicios que vayas a realizar después en tus sesiones de fuerza. En este test buscaríamos hallar el máximo peso con el que puedes hacer una repetición; tendrías que empezar a añadirle peso poco a poco a los diferentes ejercicios haciendo cada vez varias o una repetición hasta llegar al máximo y hallar tu 1RM (esto será muy fatigante). Al hallar el 1RM, calcularías el 65 % del peso que te haya dado y ese sería el peso con el que sería interesante entrenar. La segunda opción sería estimar el peso que crees que tendrías que utilizar para hacer un entrenamiento así y probar con ese peso hasta llegar al fallo; de tal forma, si te quedas entre 16 y 20 repeticiones (8 repeticiones del ejercicio + 8-12 repeticiones en recámara), es que ese es el peso correcto y el peso a utilizar en tus sesiones. En cambio, si haces solo 12 tendrías que bajar un poco el peso a la hora de entrenar y si haces 25 tendrías que poner un poco más de peso.

Cuando me refiero al peso, hablo de hacer ejercicios con una carga externa estando en un entorno deportivo como podría ser un gimnasio. Es decir, cuando hablo del peso en una sentadilla estoy pensando en una barra y discos. Por esto un gimnasio sería un lugar idóneo para hacer estas sesiones de entrenamiento, pero, si no tienes esa posibilidad, en casa con mancuernas o con algo más casero como mochilas, garrafas de agua o elementos similares se podría tratar de replicar.

No creo que tengamos que obsesionarnos en este apartado buscando el peso perfecto, el lugar perfecto, el entrenamiento perfecto. Si hay posibilidad de seguir alguna de estas pautas, genial, pero como entiendo que quizá, si estás empezando a correr, en el entrenamiento de fuerza tampoco tienes una enorme experiencia, con que empecemos a sumar estímulos y ejercicios poco a poco ya va a resultar en mejoras y adaptaciones. Así que si quieres tratar de aprender y probar, adelante, pero si no quieres perder tanto tiempo en estos primeros momentos, con tratar de sacar tiempo para hacer algo de fuerza, realizar ejercicios básicos e incluso trabajar con tu propio cuerpo también será un gran avance. Mejor hecho que perfecto.

Otras dos claves a tener en cuenta respecto a este entrenamiento son que las recuperaciones tendrían que ser completas, es decir, que podrías estar bastante tiempo descansando y recuperando entre series (2-4'). Finalmente, la segunda clave es que la parte concéntrica del ejercicio se tendría que hacer a la máxima velocidad posible para buscar esa semejanza con la carrera. La parte o fase concéntrica quiere decir que los músculos se están contrayendo (están haciendo fuerza) a la vez que se están acortando. Como regla general, aunque no sirva para absolutamente todos los ejercicios pero sí para la mayoría, podemos decir que la parte concéntrica es el movimiento que va a la inversa de la gravedad. Por ejemplo, en sentadillas, la parte concéntrica sería cuando subes; y en peso muerto, sería cuando levantas el peso. Otra regla que igual te sirve es que podríamos decir que la parte concéntrica es cuando aplicas la mayor fuerza en el ejercicio o la parte del ejercicio que es más "dura" o importante.

En caso de entrenar en casa, podemos buscar pesos auxiliares como mochilas, bolsas, garrafas de agua... En caso de no tener nada, también podemos hacer los ejercicios con nuestro propio cuerpo. Si entrenas en casa, tienes que pensar que si no tienes peso suficiente es probable que puedas hacer muchas más repeticiones hasta llegar al fallo; en este caso, del ejercicio que te toque sería recomendable realizar más repeticiones. La clave es no pasarse en exceso ni fatigar mucho los músculos, dejar varias repeticiones en recámara, recuperar bien entre series y hacer la fase del movimiento concéntrica a alta velocidad.

Con este entreno de fuerza buscaríamos transferir adaptaciones a la carrera y centrarnos en mejorar. Además, cuando somos corredores, aunque la fuerza es importante, lo más importante son los entrenamientos de carrera, por lo que no nos interesa fatigarnos en exceso ni hacer que la fuerza nos lastre en nuestros entrenamientos de carrera, algo que podría pasar con este entrenamiento. Sabiendo todo esto, creo que este tipo de fuerza es para atletas algo más avanzados o que ya corren bastantes días, hacen días de series, compiten... Si estás empezando, hacer este entrenamiento de fuerza sería una opción muy buena, pero al principio, si no tienes buena técnica con los ejercicios o si no los haces de forma correcta, como son movimientos más rápidos y explosivos puede que haya más riesgo de lesión que con el siguiente tipo de fuerza que te voy a comentar.

Si tienes una buena base en cuanto al tema de fuerza y puedes hacer los ejercicios de forma supervisada, este entreno que acabo de comentar sería una opción genial. En cambio, si apenas o nunca has entrenado la fuerza, puede que al principio sea mejor hacer un entreno de fuerza ligeramente más enfocado a la hipertrofia y, cuando ya tengas una base y estés corriendo de forma habitual, pases al entreno donde busques más mejoras en cuanto a la potencia y velocidad.

Así, el otro tipo de fuerza es la orientada hacia la hipertrofia. La hipertrofia es el aumento y crecimiento de fibras musculares (ganar masa muscular). Aunque este entrenamiento sí es más intenso, produce más cansancio y podría generar fatiga. Como de momento no estarás haciendo series, no encadenarás entrenos seguidos día a día o tus entrenos de carrera no serán durísimos ni estarás peleando por una marca impresionante (todavía), este entrenamiento te puede venir genial por distintas razones. La primera es que este entrenamiento va a hacer que consigas más fuerza, que ganes algo de masa muscular y que aumenten tu fuerza y resistencia en tendones y articulaciones. Esto es algo muy importante, ya que si nunca habías corrido puede que los tendones y articulaciones no estén adaptados y al principio se resientan un poco. Con un entrenamiento de fuerza en busca de la hipertrofia reduciremos mucho las posibilidades de lesión. Ahora bien, ponle cabeza: si tras realizar este entrenamiento acabas con mucha fatiga y llegas al entrenamiento de carrera todavía fatigado, no te preocupes, a veces perder un entrenamiento, aunque en este caso sea el de carrera, puede ser una sabia opción. Ve añadiendo estos entrenamientos poco a poco, sin prisa, deja que tu cuerpo se vaya adaptando y vaya tolerando mejor todo en conjunto.

Este entrenamiento varía respecto al de fuerza potencia/velocidad. En este caso las repeticiones serán similares, entre 8 y 12, pero el peso será bastante mayor y tendríamos que dejarnos solo uns 2/3 repeticiones en recámara, por lo que las últimas repeticiones serán duras. El ejercicio deberá hacerse controlado y no es necesario buscar la máxima velocidad en la fase concéntrica; de hecho, si entrenas correctamente dejando solo esas dos repeticiones en recámara, seguramente el movimiento de los ejercicios sea lento debido a la alta carga o alto peso que utilizamos. Por lo que, dicho esto, si estamos empezando totalmente de cero a correr, sería interesante empezar a entrenar la fuerza enfocada a la hipertrofia, pero si quieres ir combinando ambos entrenamientos o ir probando y viendo que entreno te gusta más, cual crees que te ayuda para sentirte y ser mejor y a raíz de ahí adaptar tu plan, también sería interesante.

Si entrenamos en casa pasa algo similar a lo que hemos visto antes. En este caso habría que intentar dejar pocas repeticiones en recámara. Entonces, posiblemente tengas que realizar bastantes más repeticiones para conseguir que el entreno sea efectivo en cuanto a los objetivos planteados.

No se me olvida otra de las múltiples formas que hay para entrenar la fuerza, que además es muy interesante para runners: la pliometría. La pliometría son los ejercicios relacionados con saltos, explosividad, reactividad... Este trabajo es muy bueno para trabajar la reactividad de tendones y articulaciones y para trabajar la explosividad, la aceleración, la fuerza elástica... Algunos ejercicios serían los saltos a cajón, las sentadillas con salto, los saltos a la comba, el *drop jump*, el *depth jump*, los saltos de longitud encadenados, los saltos laterales, los *skippings*, las zancadas con salto, los pequeños saltos con las piernas extendidas para trabajar la fuerza de tobillo y el tendón de Aquiles... Este es otro tipo de trabajo que puedes añadir más adelante en tus entrenamientos, o incluso también podrías añadir algún ejercicio suelto en tus entrenamientos de fuerza o al acabar algún entrenamiento de carrera, ya que no producen mucha fatiga y los beneficios que puedes obtener de ellos son bastantes.

El objetivo de la pliometría, similar a lo que buscábamos con la fuerza más enfocada a la potencia y velocidad, es realizar movimientos rápidos, reactivos, explosivos. Buscamos aprovechar la energía elástica acumulada en los tendones para realizar saltos y movimientos rápidos similares a cuando caemos y generamos fuerzas de reacción contra el suelo para dar otra zancada mientras estamos corriendo.

El running es un deporte en el que prima ser económico, es decir, gastar poca o la menor energía posible tras cada zancada para correr más y aguantar más. Para ello, ser un runner reactivo es clave. Reactivo quiere decir algo que genera una reacción. Cuando damos una zancada, aplicamos una fuerza de acción contra el suelo y después se genera una fuerza de reacción. Un runner reactivo es un runner que puede generar más fuerza de reacción y sin gastar tanta energía.

Imagínate un muelle, en este caso pensemos en un muelle flojo que no genera mucha fuerza. Si ponemos una pelota encima, apretamos el muelle y después lo soltamos, la pelota no subirá mucho. Ahora bien, imagina un muelle compacto, fuerte y bien hecho. Si ahora ponemos otra pelota, apretamos y soltamos, el muelle hará su trabajo y la pelota saldrá con mucha más fuerza y subirá mucho más. Los tendones actúan de forma similar a estos muelles, el ejemplo más claro es el tobillo. Si tenemos un tobillo débil con muelles flojos, cuando pisemos nos va a costar mucho salir del suelo y dar otra zancada, y nuestro tiempo de contacto con el suelo será amplio (algo contraproducente en este deporte). En cambio, con un tobillo fuerte y muelles bien hechos y entrenados saldremos mucho más fácil del suelo sin gastar tanta energía. Para conseguir esto, como he comentado, es clave la fuerza y este entreno de pliometría que acabamos de ver.

Finalmente, también me gustaría comentaros algún ejercicio más. Aunque el entrenamiento de fuerza es fundamental, lo que más nos interesa a nosotros es el entrenamiento de carrera, por lo que, cuando hablamos de ejercicios de fuerza, lo mejor sobre todo en este momento es irse a lo básico y a ejercicios comunes y completos, es decir: sentadillas, peso muerto, cargadas, *hip thrust*, saltos a cajón, press militar, press banca, jalón al pecho, flexiones, dominadas...

Ejemplo de un entrenamiento de fuerza si solo lo hiciésemos un día a la semana (45'-1h 15'):

Ejercicio series x repeticiones (descanso entre cada serie)

Sentadillas 3 x 10 (1'-2')

Peso muerto 3 x 10 (1'-2')

Hip thrust 3 x 10 (1'-2')

Saltos a cajón 3 x 8 (1'30"-2'30")

Saltos pequeños sin flexionar rodillas 3 x 20 (1')

Flexiones o press banca 3 x 10 (45"-1'30")

Dominadas, jalón al pecho o remo 3 x 8 (45"-1'30")

Fondos o press militar 3 x 8 (45"-1'30")

Plancha abdominal 3 x 45" (15")

1.er Ejercicio para abdomen o core 3 x 15 (30"-1'30")

2.º Ejercicio para abdomen o core 3 x 15 (30"-1'30")

3.er Ejercicio para abdomen o core (lumbar) 3 x 15 (30"-1'30")

Al fin y al cabo, este sería un entrenamiento sencillo. Si empiezas a hacer fuerza, también te recomiendo informarte por videos de YouTube de atletas o entrenadores con experiencia y formación, leer artículos o incluso contactar con algún entrenador o persona que entienda del entrenamiento de fuerza para que te haga un plan más personalizado y para que entiendas por qué haces cada ejercicio y conozcas más ejercicios y alterativas para hacer. Con las repeticiones, series y tiempo de descanso te digo lo mismo, es algo muy general, a raíz de esto cada uno debería cambiar y adaptar la información para sentir que sus músculos trabajan sin necesidad de morir en cada serie ni llegar al final sin poder acabar.

Y en el caso de utilizar un par de días de entrenamiento de fuerza, lo que yo haría sería dejar uno exclusivamente para el tren inferior y el abdomen y otro para el tren superior y algo del tren inferior, añadiendo aquí los ejercicios de pliometría. Pero en este último caso incluiría más ejercicios de tren superior y alguno menos de pierna, pues son los ejercicios de pierna globales en los que se trabajan la mayor cantidad de grupos musculares posibles.

Ejemplo de entrenamiento de fuerza dos días a la semana (45'-1h 15')

Día 1 (tren inferior + abdomen)

Sentadillas 3 x 10 (1'-2')

Peso muerto 3 x 10 (1'-2')

Elevación de gemelo 3 x 10 (1'-2')

Hip thurst 3 x 10 (1'-2')

Arrancada con barra o mancuerna 3/2 x 10 (1'-2')

Swing con mancuernas o kettlebell 3/2 x 10 (1'-2')

Existe la posibilidad de añadir otro ejercicio enfocado en debilidades; es decir, si has sufrido más lesiones en el cuádriceps, añadir un ejercicio de cuádriceps como podría ser la extensión de rodilla. En cambio, si sientes más débiles tus isquiotibiales, añadiría un ejercicio de esta zona como podría ser el curl nórdico. 3 x 10 (1'-2')

Plancha abdominal 3 x 45" (15")

1.er Ejercicio para abdomen o core 3 x 15 (30"-1'30")

2.º Ejercicio para abdomen o core 3 x 15 (30"-1'30")

3.er Ejercicio para abdomen o core (lumbar) 3 x 15 (30"-1'30")

Día 2 (full body o cuerpo completo con pliometría)

Sentadillas con salto 3 x 10 (45"-1'30")

Saltos pequeños sin flexionar rodillas 3 x 20 (45"-1'30")

Zancadas con salto 2 x 8 (con cada pierna) (45"-1'30")

Drop jump 3 x 8 (45"-1'30")

Plancha abdominal 3 x 45" (15")

1.er Ejercicio para abdomen o core 3 x 15 (30"-1'30")

2.º Ejercicio para abdomen o core (lumbar) 3 x 15 (30"-1'30")

Flexiones o press banca 3 x 10 (45"-2')

Dominadas o jalón al pecho 3 x 8 (45"-2')

Press militar con barra o mancuerna 3 x 8 (45"-2')

Curl de bíceps 2 x 10 (45"-2')

Extensión de tríceps 2 x 10 (45"-2')

SENTADILLAS CON SALTO

FLEXIONES

SALTOS CON PIES JUNTOS

DOMINADAS

ZANCADAS CON SALTO

PRESS MILITAR

DROP JUMP

CURL DE BÍCEPS

PLANCHA ABDOMINAL

SWING RUSOS

EXTENSIÓN DE TRÍCEPS

LUMBARES

Resumen

A poder ser, sería muy bueno incluir el entrenamiento de fuerza desde el principio o a partir de estar en el proceso de carrera continua. Algo clave sería añadir este entrenamiento uno (suficiente) o dos días a la semana separado de cuando nos toque carrera. Lo mejor es focalizar el entrenamiento en ejercicios para piernas y abdomen. Entrena en gimnasio si lo prefieres y no te importa abonar la suscripción, si no, en casa o en un parque se puede entrenar perfectamente. Por último, valdría con entrenar mediante ejercicios básicos que involucren muchos grupos musculares, como sentadillas, zancadas, flexiones, dominadas, plancha abdominal... Entrenar el abdomen 2-4 días por semana es lo más recomendable. Y siempre recordando que este es un entrenamiento auxiliar que nos va a ayudar en el entrenamiento de carrera; no buscamos la fatiga extrema ni pegarnos palizas haciendo fuerza.

Somos corredores, no culturistas. En caso de entrenar en busca de hipertrofia, algo que al empezar sería interesante, sí que haríamos un gran esfuerzo y nos dejaría algo de fatiga, pero al ser solo un día a la semana podríamos recuperar bien. Y más adelante cuando hagamos un entreno de fuerza en busca de mejorar nuestra potencia y velocidad apenas nos dejaría fatiga para los siguientes entrenamientos. Si el día que vas a correr tienes muchas agujetas por el entreno de fuerza que hiciste, ese entreno de fuerza no va por buen camino. El entreno de fuerza es un ayudante, no un enemigo. Eso sí, también puede ser normal que los primeros días que hagas fuerza salga alguna agujeta, ya que nuestro cuerpo no está acostumbrado, pero con el tiempo se irá adaptando y no aparecerán. Aun así, si tras un entreno de fuerza tienes muchas agujetas, eso tampoco es lo que buscamos y el día siguiente que trabajes la fuerza estaría bien bajar un poco los pesos y la intensidad del entrenamiento para ir mejorando poco a poco.

¡Te dejo un video relacionado con el entrenamiento de fuerza por si te ayuda!

Entrenamiento de fuerza para corredores (rutina, ejercicios...)

Hasta aquí los entrenamientos que podríamos realizar en nuestro periodo en el que estamos empezando a correr. A partir de este momento te voy a contar otros entrenamientos en los que ya sí que nos centraríamos casi al 100 % en mejorar nuestro ritmo y, en este caso, sí que hasta que no puedas correr de forma continua unos 45 minutos o una hora no sería necesario empezar. E incluso si quieres comenzar a utilizarlos algo antes, te diría que te informases algo más y que si empiezas con estos entrenamientos sea porque quieres avanzar en el running y mejorar tus ritmos y marcas en carreras. Si quieres mantenerte en la carrera continua y disfrutar de ello no es necesario pasar a este paso, pero si prefieres correr más rápido o si quieres empezar a preparar pruebas más exigentes (como una media maratón o un maratón) o mejorar tus marcas en carreras de 5 km o 10 km, sí vas a tener que pasar por estos entrenamientos. Espero que con la siguiente información resumida te puedas hacer una idea de cómo son. Y lo dicho, si antes de realizar estos entrenamientos por tu cuenta puedes informarte un poco más, buscar más datos por internet o contactar con algún entrenador en el sector del atletismo para que te ayude, sería una gran opción.

4.º Entrenamiento: fartlek

Este entrenamiento es muy sencillo, simplemente trata de hacer intervalos (es muy similar a los intervalos de correr/caminar), pero en este caso es correr rápido/correr lento. Con los intervalos de correr/caminar lo que buscábamos era poder empezar a correr más tiempo de forma continua, pues, como es lógico, con este entrenamiento lo que vamos a buscar va a ser poder correr más rápido por más tiempo.

Este entrenamiento se puede organizar de dos formas, por tiempo o por distancia. Lo que buscamos es, en el intervalo de correr lento, nunca llegar a pararnos y, en el intervalo rápido, correr rápido de verdad y llegar al final del intervalo algo forzado (sin llegar a pasarnos, pero que ya empiece a costar un poco acabarlo).

Si este entrenamiento se hiciese por tiempo, un ejemplo sería un calentamiento suave de 15-20' de carrera continua y después 10-15 intervalos de 1' rápido/1' lento, en total 20-30' de entrenamiento principal. Y para acabar, trotar un poco más para volver a la calma.

Hay muchos más ejemplos para hacer este entrenamiento por tiempo: 1'rápido/30" lento, 2' rápido/2' lento, 2' rápido/1' lento... Hay mil alternativas.

Y por distancia pasa lo mismo. El entrenamiento fartlek por distancia que yo más repito es hacer 12 intervalos corriendo 400 m rápido y 200 m despacio; pero también se pueden hacer 100 m rápido/100 m lento, 500 m rápido/100 m lento... Y un entrenamiento típico sería igual que el anterior: calentamiento, parte principal (intervalos) y enfriamiento o vuelta a la calma.

5.º Entrenamiento: series

En este caso el entrenamiento se basa en hacer una cantidad de series descansando activamente (trotando muy despacio) o pasivamente (en parado) un tiempo entre cada una. Este entrenamiento, aunque también se puede hacer por tiempo, normalmente siempre se suele medir por distancias. Series también las hay de muchísimos tipos, desde series de 200 m hasta de 8 km, la elección de la distancia depende de la carrera que estés preparando o del objetivo que tengas en esa sesión. Realmente, para todas las preparaciones, sin importar en exceso si preparas un maratón o 1500 m, hay días en los que se trabajan series más largas y otros días series algo más cortas (más intensas que las series largas). Aun así, por lo general, si estás preparando una carrera larga como un maratón, las series tenderán a ser más largas o habrá más días en tu preparación de series largas a un ritmo no tan elevado. Un ejemplo podrían ser series de 4 km (ej. de entrenamiento: 2 x 4 km, recuperando 3'). En cambio, si estás preparando una carrera más corta, como de 5 km, habrá más cantidad de series algo más cortas; un ejemplo podrían ser series de 500 m (ej. de entrenamiento: 12 x 500 m, recuperando 1' 10"). Si estás preparando unas oposiciones (1 km), podrías hacer las series incluso más cortas, de 200 m (ej. de entrenamiento: 25 x 200 m, recuperando 40").

Al fin y al cabo, las series más cortas suelen ir a un ritmo mayor, son más intensas, te ayudan a conseguir mejorar tu velocidad y con ellas consigues mejorar tu ritmo. Con las series largas, en cambio, buscas llevar un ritmo alto para mejorar tu ritmo, pero con ellas también entrenas tu resistencia. Aunque la distancia de las series tenga algo que ver con lo que estés preparando, también es bueno alternar entre series cortas y series largas y no siempre hacer el mismo entrenamiento.

Esto es así porque si, por ejemplo, estás preparando un maratón, las series de 5 km son de gran ayuda y probablemente serán las que más te ayudarán en tu preparación para conseguir tus objetivos. Pero si te acostumbras a hacer esas series, ganarás en resistencia, pero poco en velocidad, ya que son series bastante largas, por lo que incluir algún día series de 400/500 m también será de gran ayuda. Conseguirás grandes adaptaciones y beneficios fisiológicos combinando estos entrenamientos, ya que, por un lado, entrenarás la resistencia (algo prioritario), pero a su vez, con las series cortas, no te olvidarás de trabajar la velocidad y tocar ritmos más altos.

Este entrenamiento se basa en hacer las series a un ritmo alto. Porque el ritmo también varía, claro: si las series son largas, por tendencia general el ritmo será menor que si las series son cortas. Una buena estimación sería la siguiente: teniendo en cuenta tu ritmo de competición de 10 km, las series largas (2-3 km o más) podrían ser de unos 10-20 segundos por kilómetro más lento, y para series más cortas (menos de 1-2 km) el ritmo podría ser similar o más alto que el de competición de 10 km. Tras cada serie se descansa caminando o estando parado para recuperar y poder volver a hacer la siguiente serie al mismo ritmo. También se podría recuperar trotando muy suave y haciendo una recuperación activa.

Este entrenamiento es bastante intenso, ya que nos ponemos a ritmos altos (similares o mayores a los de competición), por lo que aguantar esos ritmos ya es más complicado desde un punto de vista fisiológico y psicológico. Como estáis viendo, intento poneros ejemplos, pero es muy difícil deciros algo concreto como el tiempo, el tipo de recuperación, la distancia de las series, los ritmos... Esto puede variar muchísimo dependiendo de la persona, ¡imagínate lo que puede variar un entrenamiento de alguien que esté empezando a correr y quiera preparar una carrera de 5 km respecto al de alguien que lleve 10 años entrenando y vaya a hacer su octavo maratón! Por lo que ojalá estés aprendiendo y te estés quedando con los principios básicos de estos entrenamientos para probarlos algún día si te apetece; pero, si quieres una preparación más seria, habría que individualizar todo y buscar un entrenador. Esta sería una buena opción para que te ayude a saber qué entrenamientos hacer, ya que si tienes a alguien que te guíe los entrenamientos serán mucho más específicos y mejorarás mucho más.

Ejemplos de entrenamientos:

- 12-25 x 200 m con 40″ de recuperación entre cada serie.
- 10-12 x 500 m con 1′ 10″ de recuperación entre cada serie.
- 5-8 x 1 km con 1-2′ de recuperación entre cada serie.
- 2-3 x 3 km con 2-3′ de recuperación entre cada serie.

También se pueden mezclar:

- 4 x 1 km, Rec. (recuperación) 1′ 30″ + 4 x 500 m, Rec. 1′
- 3 x (400 m + 800 m + 1 km) Rec. 40″ / 1′ y 1′ 30″
- ¡Y así todos los que se te ocurran!

Para que entiendas un poco como sería el ritmo te pondré un ejemplo: imagínate que quieres preparar una carrera de 10 km y tu marca en esa prueba es de 55 minutos (5′ 30″/km). En un entrenamiento de series de 1 km, por ejemplo, 6 x 1 km, el ritmo podría ser similar o un poquito más lento que el de competición, por lo que el ritmo de cada serie podría ser en torno a 5′ 30″-5′ 35″/km. Las series más largas irían a un ritmo algo más lento (5′35″-5′ 45″/km) y las series más cortas podrían salir a un ritmo más rápido (5′ 20″-5′25″/km).

Al igual que hemos visto que el tipo de serie que deberías priorizar depende de la prueba o distancia que estés preparando, el número de series también influye; es decir, si estás preparando una carrera de 5 km y haces series de 1 km, lo normal sería hacer unas 5 o 6 series de 1 km (a un ritmo similar o algo más alto que el de competición). Ahora bien, si estás preparando un maratón, he llegado a ver atletas que hacen hasta 15 x 1 km (a un ritmo rápido, pero algo más controlado). Esto es para que veas la diferencia y como cambia la forma de entrenar dependiendo de tus objetivos. El número de series también dependerá de la cantidad de km totales que hagas a la semana: a más km totales, más km de series.

Y la idea de una sesión de entrenamiento donde hagas series sería: calentamiento, después la parte principal donde hacemos las series a un ritmo elevado (percepción de esfuerzo de 7-9 teniendo en cuenta una escala del 1 al 10), recuperando entre cada serie de forma muy tranquila, y acabar el entrenamiento corriendo algo más para hacer una vuelta a la calma. La recuperación entre series varía dependiendo de dos factores, la velocidad y la distancia. Si haces series de 400 m el descanso será menor (30"-1' 15") que si haces series de 1 km (1' 15"/2' 30"), y si vas a un ritmo más alto, el descanso será mayor que si vas a un ritmo más relajado, según tus sensaciones y nivel.

La idea de este entrenamiento sería intentar completar todas las series al mismo ritmo e ir mejorando poco a poco. Es decir, si haces series de 1 km de nada vale salir las primeras dos a tope y después tener que bajar el ritmo. Lo mejor sería intentar mantener un ritmo similar en todas las series y, en caso de querer ir más rápido, sería en las últimas cuando podríamos apretar ligeramente de forma progresiva si hay fuerzas, te apetece y te ves capacitado/a para ello.

6.º Entrenamiento: rodajes vivos o ritmos controlados

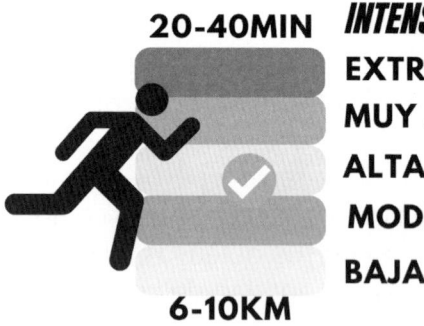

20-40MIN

6-10KM

INTENSIDAD:
EXTREMA
MUY ALTA
ALTA
MODERADA
BAJA

Este tipo de entrenamiento es muy sencillo de explicar, pues trata de correr de forma continua entre 20 y 40 minutos aproximadamente, a un ritmo específico, el cual podrías aguantar hasta una/dos horas. El ritmo sería aproximadamente 10-20" más lento por kilómetro que tu ritmo de competición de 10 km. De esta forma trabajas a más pulsaciones y te acostumbras a empezar a llevar un ritmo más elevado durante más tiempo, mejoras la tolerancia y aclarado del lactato, mejoras tu umbral de lactato, mejoras tus sistemas energéticos... Pero claro, al llevar un ritmo más elevado el entrenamiento es más difícil y cuesta más acabarlo, pero así es como se mejora.

Este entreno se puede hacer por tiempo o también por kilómetros. Una gran opción sería realizarlo haciendo entre 5-12 km. Estos entrenos tampoco son una ciencia exacta, es decir, este es un tipo de entrenamiento que se puede hacer de esta manera, pero si lo que nos interesa es trabajar a determinada intensidad o ritmo, también lo podríamos hacer con series largas. ¡Hay muchas alternativas para todo, esto de entrenar mola mucho!

Aun así, el rodaje vivo es similar a la carrera continua, pero a un ritmo elevado. El ritmo, cuando digo que es elevado, me refiero a que tiene que ser un ritmo en el que acabes cansado pero que te permita acabar bien; no tiene que ser un ritmo ultraexigente con el que no puedas acabar el entrenamiento o, si lo acabas, termines destrozado (la percepción de esfuerzo de este entrenamiento debería de ser de 5-7 teniendo en cuenta una escala del 1 al 10). Es un ritmo en el que te apetecería parar pero que a la vez podrías mantener por un tiempo amplio; esta es una buena referencia (algo abstracta) para saber a qué ritmo correr en este entrenamiento. Es un ritmo en el que mantener una conversación ya no sería posible, solo se podrían decir palabras sueltas o frases cortas.

7.º Entrenamiento: tiradas largas

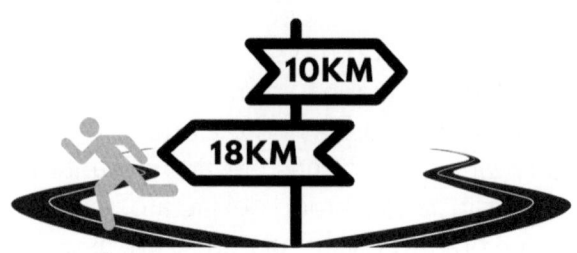

Este entrenamiento también es sencillo. En este caso es hacer carrera continua al mismo ritmo que las carreras normales, pero haciendo más tiempo o más kilómetros; por ejemplo, en mi caso, normalmente hago 10-12 km como rodajas normales y el día que me toca tirada larga o *long run* hago 18-20 km al mismo ritmo. Eso sería un ejemplo de este entrenamiento. De esta forma trabajamos nuestro umbral aeróbico, nuestros sistemas energéticos y nuestro metabolismo de las grasas, al tiempo que ganamos resistencia.

Este entrenamiento, al ser de más tiempo, provoca que tu cuerpo vaya tirando de más sustratos energéticos (nuestra gasolina; principalmente las grasas y los hidratos de carbono) y aprenda a trabajar con los depósitos algo bajos. Este entreno también tiene un gran componente psicológico y es de gran ayuda. Esto es así porque te obliga a correr muchos kilómetros e incluso te obliga a seguir corriendo aun cuando no te apetece. Imagínate que vas a hacer 16 km. Cuando vayas por el kilómetro 9 puede que algún día estés algo aburrido o cansado mentalmente, pues seguir y acabar el entrenamiento va a hacerte fuerte psicológicamente hablando. Además, cuando vayas a una carrera, por ejemplo, de 10 km, si antes ya ha habido días que has corrido 18 km, mentalmente la carrera se te hará más amena.

Estos serían los diferentes entrenamientos que puedes utilizar para mejorar tu ritmo y tus carreras. Realmente hay alguno más y, como has visto, de cada tipo de entrenamientos se pueden hacer mil variantes. Pero estos que te muestro son los más generales y los que puedes combinar para correr más rápido.

Ahora, antes de pasar de capítulo, quiero recordarte que con este libro nuestro objetivo es empezar a correr, y este capítulo no parece esencial para ello. Ahora bien, si has llegado hasta aquí, este capítulo sí es bueno para mejorar en tus carreras. Además, antes de llegar hasta aquí, seguro que has conseguido empezar a correr, por lo que el objetivo que traíamos al principio está completado. Antes de empezar con estos entrenamientos recomiendo lo que he ido repitiendo, es decir, que te informes algo más por tu cuenta, ya que, como este capítulo no está vinculado completamente con el objetivo principal de este libro, no me he extendido tanto como lo podría haber hecho, pese a haberte dado bastante la chapa. Antes de empezar con estos entrenos, si te interesan mucho, te diría que podrías intentar informarte un poco más o, si has llegado hasta aquí, igual ya estás preparado para apuntarte a algún club o contratar a algún entrenador.

Y dos últimas cosas, como has visto, estos últimos entrenamientos ya son algo más exigentes. No te puedo mentir y decir que en estos entrenos se va muy cómodo, porque no suele ser así. Ahora bien, aunque se sufra o se acabe algo más cansado, nunca he llegado a escribir que haya que morir en cada entrenamiento. Y es que realmente no es necesario sufrir en exceso para mejorar, la frase típica de *no pain, no gain* hay que tomársela con pinzas, y más en el running. Y como ya eres un verdadero runner (¡has llegado hasta aquí!) y sufrir de vez en cuando también te gusta, te diré que los atletas prácticamente solo damos el 100 % de verdad en la competición.

Hay otro momento en el que se puede apretar un poco más y darle caña: al final de nuestros entrenamientos de calidad, es decir, en las últimas series del entrenamiento, el último o los últimos intervalos del fartlek o en el último kilómetro del rodaje vivo. Ahí sí que es cuando nos permitimos apretar un poco más y, aunque **no es necesario,** si te gusta sentir que has trabajado y si en parte te gusta ese "sufrimiento", es aquí el momento en el que te podrías esforzar un poco más. Pero antes o durante el entreno no es necesario ni recomendable. Hacer lo de apretar al final en todos los entrenamientos tampoco lo es, de hecho, es mejor que no lo hagas en todos los entrenamientos para no lesionarte. Solo de vez en cuando y porque el cuerpo te lo pida.

Por si a alguien te interesa ver como se podrían combinar estos entrenamientos, voy a poner una semana tipo de mi temporada para que veas como se podría entrenar en el atletismo o running algo más avanzado y como se podrían combinar estos entrenamientos:

Lunes (calidad): Rodaje vivo (6-10 km)

Martes (tranquilo): Rodaje normal (12 km) + Fuerza *full body* (con pliometría)

Miércoles (calidad): Series largas (1 km/2 km/3 km/4 km)

Jueves (tranquilo): Rodaje normal (12 km) + Fuerza tren inferior potencia/velocidad

Viernes: Descanso o rodaje suave

Sábado (calidad): Series cortas (200 m/400 m/500 m), fartlek o cuestas

Domingo (tranquilo): Rodaje largo (18 km)

Y abdomen meto 3/5 días a la semana unos 10/15 minutos.

Como has visto y ya para acabar el capítulo, alterno entre días de calidad y días algo más tranquilos. Sabiendo esto, lo que he comentado antes sobre dar el 100 % solo lo haría en algún día de calidad y en las últimas series (los miércoles o sábados en este caso). En el resto de los entrenamientos y de los días, hay que entrenar bien, pero no hay que dejarse la piel. Y el 100 % se da en la competición.

RESUMEN

- Antes de llegar a muchos de estos entrenamientos tendrías que poder correr de forma continua un buen tiempo y habría que haber construido el hábito de correr.

- Para mejorar tu ritmo y tus marcas hacer otros entrenamientos como los comentados en este capítulo es algo fundamental.

- No es estrictamente necesario hacer estos entrenamientos, pero para compensar, para hacerte el camino más fácil, para prevenir lesiones y para mejorar sí son verdaderamente interesantes.

- Desde el principio del proceso de iniciarte a correr puedes incluir el trabajo de fuerza en forma de gimnasio, en casa, fuerza con cargas, gomas, pliometría, cuestas...

- Hacer el entrenamiento de apretar o aumentar el ritmo al final de tus carreras continuas te puede ayudar a mejorar poco a poco y a testear como es lo de trabajar tu ritmo.

- Si quieres probar otros entrenamientos, comienza por el fartlek, es el más sencillo de hacer y se disfruta mucho.

- Si quieres tomártelo más en serio, comienza a probar los entrenamientos aprendidos, infórmate algo mejor o busca algún club o entrenador.

- Para mejorar puedes hacer entrenos de series, fartlek, rodajes vivos, *long runs*...

IDEA DEL CAPÍTULO PARA LLEVAR A LA PRÁCTICA

Como en todos los capítulos, cerramos con una idea para ponerla en práctica. Y en el capítulo de hoy me encantaría que un día te atrevieses a probar un entrenamiento de los comentados y probases que es lo de trabajar tu ritmo y notases esas sensaciones de cómo tu cuerpo trabaja y reacciona a alta intensidad. Para ello, creo que lo más sencillo sería el fartlek, así que cuando ya lleves tiempo corriendo, un día ponte las zapatillas y prueba este entrenamiento: 10 veces 1 minuto rápido seguido de 1 minuto lento. E intenta en el minuto lento nunca llegar a pararte y en el minuto rápido llevar un ritmo que sea duro pero que puedas mantener durante todo el intervalo. Deberías poder hacer los 10 intervalos bien y a un ritmo similar. Y, si te apetece, prueba lo de llevar tu cuerpo a una gran intensidad; en el último o dos últimos intervalos puedes apretar un poco, siempre con cuidado. Si notas alguna molestia, no sigas, pero avanza sin miedo, ¡dale caña!

8

ANALIZA TU PROGRESO Y COMPITE

Durante todo el libro hemos ido hablando de que no hay que ir deprisa y de que querer correr o mejorar mucho en poco tiempo no es la mejor decisión que podemos tomar.

Ahora bien, aunque no haya que ir deprisa, es indudable que vamos a ir mejorando, ya que pasaremos de no poder correr a empezar a correr cada vez más minutos de forma continua, hasta acabar enfocándonos en mejorar nuestro ritmo.

Debemos analizar nuestro progreso y nuestro avance y, para eso, lo que debemos hacer es centrarnos en nosotros mismos. Hay una frase que dice que **la única persona con la que te deberías comparar es con tu yo del pasado**, y eso es lo que vamos a tratar de hacer. Correr te puede gustar en sí mismo, pero la sensación de ir mejorando poco a poco es una sensación increíble y es algo que seguro que te motivará y te ayudará a seguir corriendo y a hacerlo con más ganas.

Yo **muchas veces me comparaba con otros atletas y realmente esto ha sido de lo peor que he podido hacer**. Esto se debe a que, obviamente, si te comparas con alguien mejor que tú, te vas a sentir frustrado e incluso pensarás que estás haciendo las cosas mal. Ahora bien, si te comparas con alguien que corra más despacio que tú, igual te acomodas y no sigues buscando formas de mejorar y crecer. En cuanto cambié el chip y empecé a compararme con mi yo del pasado, mi visión cambió totalmente. Empecé a darme cuenta de la mejora que había conseguido. Esta forma de pensar me animó y me motivó a seguir entrenando duro para seguir mejorando.

Por lo que ver tu progreso y tus mejoras seguro que aumenta tus ganas de correr.

Para medir el progreso, lo vamos a hacer de dos formas, la primera va relacionada con el tiempo que vamos a poder correr. Igual al empezar a correr solo podías correr dos minutos de seguido. Ese sería nuestro punto de partida para, cada vez que mejoremos o que crezcamos en este deporte un puntito más, recordar lo que hacíamos. Y cuando ya podamos correr de seguido 20 o 30 minutos, llenarnos de orgullo sabiendo que empezamos solo pudiendo correr dos minutos.

Para analizar nuestro progreso sí que recomiendo correr con alguna aplicación. Creo que todas o la mayoría de las personas a las que nos gusta correr amamos guardar nuestras carreras en aplicaciones y ver el mapa, las estadísticas y como mejoramos a lo largo del tiempo, por lo que utilizar alguna app para correr es una buena opción. En el último capítulo recomendaré algunas.

En el momento en el que ya podamos correr de seguido, lo normal es que queramos seguir mejorando, y tocará empezar a trabajar poco a poco el ritmo y la velocidad. En este caso, también nos podemos ir evaluando y viendo nuestra mejora con la app, pero aquí viene otro apartado muy interesante, que es la competición.

Antes de hablar de competición, un consejo: aunque sé que es difícil, si guardamos nuestras carreras en distintas apps, **debemos utilizarlas siempre a nuestro favor y siempre para ganar motivación.** Imagínate que al empezar solo puedes correr dos minutos de seguido, pero pasados cuatro meses ya puedes correr 25 minutos. Piensa ahora que en ese momento aparece algún problema como una lesión, o no puedes correr por un tiempo y, cuando vuelves, solo puedes correr 20 minutos. En este caso, te pido que utilices estas apps a tu favor y, en vez de frustrarte pensando que antes podías correr 25 minutos, quiero que recuerdes que empezaste corriendo únicamente dos minutos. Llénate de orgullo y motívate para volver a alcanzar esos 25 minutos y pronto superarlos, pero sabiendo todo lo que has mejorado ya. Mira la app, pero siempre a tu favor, y si tienes que ir a tus primeros entrenamientos para conseguirlo, que así sea.

Hoy en día tenemos la suerte de que hay carreras populares prácticamente cada fin de semana; esto es algo a aprovechar. Pienso que la mayoría de las personas tenemos un gen competitivo y que a la mayoría nos gusta competir de alguna manera o de otra. Entrenar por entrenar tiene su gustillo y claro que nos lo vamos a pasar bien, pero competir tiene algo especial, algo increíble, me atrevería a decir. En mi caso, sinceramente entreno mucho mejor y más motivado cuando tengo competiciones a la vista. Por lo que, para tu progreso, el buscarte alguna carrera y competir puede resultar muy beneficioso.

Tampoco quieras ir deprisa en este aspecto. Para apuntarte a una carrera es mejor esperar a que ya puedas correr de forma continua o que puedas completar la distancia de la carrera que quieras hacer de forma sencilla y sin que te requiera mucho esfuerzo. Por ejemplo, si te apuntas a una carrera de 5 km, creo que un buen momento de participar sería cuando ya estés dentro o incluso cerca de acabar el paso de la carrera continua, cuando puedas completar o ya hayas completado esa distancia de forma sencilla sin mucho esfuerzo y también si ya has empezado o te apetece empezar a trabajar algo más el ritmo con otros entrenamientos.

Otra cosa que te digo es que **es mejor ir escalando e ir aumentando la distancia de competición poco a poco.** En una carrera siempre vas a darle un puntito más de intensidad, al fin y al cabo, la adrenalina, la emoción, las sensaciones de ver a todos los participantes, ponerte el dorsal, ir a la salida... van a hacer que corras mucho más y sintiendo menos esfuerzo debido a las emociones que estarán a flor de piel. Por ello, mejor empezar por una distancia pequeña (5 km) y probar a ver cómo te sientes, ver si tienes buenas sensaciones, si te ha encantado la experiencia... Entonces, si te ves con ganas y fuerzas para aumentar de distancia, la siguiente carrera puede ser ya de 10 km. También puedes (e incluso te lo recomiendo) repetir más carreras de 5 km para ir ganando experiencia y, por qué no, para mejorar las marcas que vayas haciendo, para acostumbrarte a competir y a esa distancia y más adelante dar el paso a una distancia mayor.

Si quisieras entrar ya en el momento de correr una media maratón, te pido un poco de calma, ya que en este momento habría que estar ya fuerte y tener bastante experiencia en el mundo del running, así que, antes de dar el salto de forma rápida, recomendaría hacer varias carreras de 10 km para ganar experiencia, seguir mejorando y empezar a preparar al cuerpo para una carrera más exigente como son los 21 km. En el caso de la media maratón, creo que sí es posible que la llegues a preparar de forma individual sin necesidad de muchos consejos u entrenador, pero ya si hablamos de un maratón, sí que recomendaría hablar con un entrenador o un profesional para llevar un plan más controlado. Esta prueba es mucho más exigente y hay que prepararla con mimo y a conciencia. Antes de la media maratón, alguna pauta que igual te orienta para saber más o menos cuándo poder participar en una carrera así es que lo ideal sería haber completado ya varias carreras de 10 km (3-5 al menos), hacer semanalmente una buena cantidad de kilómetros (al menos 30-60 aproximadamente) y haber completado antes un rodaje o un entrenamiento de carrera continua de unos kilómetros similares a la carrera, es decir, 16-19 km sin un esfuerzo excesivo. Y como siempre digo, cada uno se conoce a la perfección y sabe de sus capacidades al 100 %; obviamente, en este aspecto hay que ser un poco realistas, si solo puedes correr ahora mismo 10 minutos, aunque te vieses capacitado/a, no podrías completar esta prueba de 21 km, y si lo hicieras, no sería bueno para tu salud. Pero si ya estás en un punto algo avanzado, te ves con fuerzas, confías en ti y te ves capacitado/a, ¡te animo a probar!

Y como también siempre digo, aventúrate a probar, pero si durante la carrera te encuentras con algún problema, dolor, molestia... PARA. No merece la pena fastidiarte o arriesgar tu físico o salud. Para, recupérate, vuelve a encadenar entrenamientos y cuando te veas más preparado/a, vuélvelo a intentar, estoy seguro de que tienes muchos años por delante para poder completar este logro, así que, paciencia.

Esto de ir poco a poco lo digo por lo de siempre: como en las carreras el esfuerzo y la intensidad con la que vas a correr es mayor, si quieres empezar a competir y la primera carrera que haces es de 21 km, puede que no consigas acabar y te frustres, puede que te entre la conocida "pájara" e incluso puedes lesionarte, así que mejor ir paso a paso.

De verdad que una carrera es un evento increíble, y hay que vivirlo para sentirlo. Ver a todo el mundo animando, corriendo, si vas con amigos disfrutar con ellos... Ahora bien, si corres, quiero que sea también para seguir analizando tu progreso, para que tu motivación siga creciendo, para que aumenten aún más tus ganas de correr y para superarte a ti mismo. ¿Por qué digo esto? Porque como hemos visto, en una carrera lo normal es que mejores tus tiempos, cosa que te animará un montón, pero, aunque obviamente compitas contra otros e intentes ganar a otros corredores, tienes que seguir centrándote en ti. Es normal que quieras adelantar a corredores durante la carrera y, si puedes, hazlo, claro que sí, pero cuando acabe la carrera no quiero que lo primero que vayas a hacer sea mirar la clasificación y empieces a contar toda la gente que te ha ganado. NO. Quiero que mires tu tiempo y quiero que mires a cuántas personas has ganado, y si tu tiempo es bueno y has mejorado tu marca, quiero que te alegres por ello, que eso te motive para seguir. Que igual te han ganado muchos corredores no me importa en absoluto, ya seguirás entrenando y cada vez ganarás a más gente. Quiero que disfrutes de la carrera, luches, te esfuerces y que al acabar no mires cuánta gente te ha ganado, sino que mires cuántas personas has conseguido ganar y principalmente analices tú marca, tus tiempos, para ver cómo estás mejorando en este deporte o, si has cometido algún error, para aprender de él y seguir creciendo. También te recuerdo que no siempre tenemos el mejor día y los recorridos de las carreras cambian, así que si en una carrera no mejoras tu marca no pasa nada; si sigues entrenando, estoy seguro de que pronto lo conseguirás. **Recuerda, la peor carrera es un gran entrenamiento.**

Y para acabar, si me preguntaras cuántas carreras puedes hacer, te diría que todo depende. Si vas a una carrera, te encanta el ambiente, estás desando hacer más y más y te puedes permitir las inscripciones, a por ello. Un entrenador que tuve siempre me decía que una competición o carrera puede ser igual o mejor que un entrenamiento. Ahora bien, también es bueno dejar tiempo entre competiciones, mínimo 15 días, y esto también tiene su explicación, pues, como hemos visto, en las carreras nos esforzamos más que en los entrenamientos, por lo que correr cada fin de semana puede ser muy fatigante y resultar en sobreesfuerzo o en alguna lesión. Como pauta general e interesante, podrías quizás hacer una carrera al mes, pero si tienes la oportunidad, te encanta y quieres, puedes competir más de seguido, pero a poder ser evitando competir dos findes de semana seguidos para prevenir posibles problemas. Y viceversa también: si no te apetece competir tanto y disfrutas más de entrenar, pues a seguir entrenando.

Así que ahora vas a competir, a pasarlo bien, a disfrutar de las carreras y su ambiente, a correr con amigos, a ganar a otros corredores, pero, sobre todo, a ver tu progreso, a luchar y a superarte a ti mismo.

RESUMEN

- Competir es algo mágico que te ayudará en tu progreso.
- Antes de competir ya deberías poder correr bastante tiempo de carrera continua.
- Antes de correr una carrera, asegúrate de que has podido correr esa distancia o una distancia similar sin un enorme esfuerzo.
- Ve poco a poco, empieza con carreras de 5 km o 10 km y más adelante podrías probar de 21 km.
- Para preparar un maratón sería mejor pedir ayuda.
- Utiliza las carreras para mejorar y motivarte, céntrate en ti, en lo que has hecho y en lo que has mejorado, no en otros corredores.
- Compite de forma frecuente si te apetece, pero evita competir cada fin de semana.
- Competir una vez al mes sería una gran idea.
- Disfruta y participa en eventos de running.

IDEA DEL CAPÍTULO PARA LLEVAR A LA PRÁCTICA

Supongo que sabrás lo que te voy a decir, ¿no? Efectivamente, entra en Google y busca: "carreras populares [y tu región o ciudad]". Si te sientes preparado/a y ya has corrido antes esa distancia, aunque sea muy despacio, no lo dudes, apúntate ya para empezar en una de 5 km. ¡Suerte y a por todas!

9

LESIONES

A lo largo de este libro he hablado bastante sobre el tema de las lesiones y este capítulo lo quiero utilizar para hablar más de ello, ya que, **en este deporte, cuidar y prevenir las lesiones es crucial y realmente importante.**

Algo que he aprendido en mis años como atleta y algo que me han enseñado muchas personas y entrenadores es la importancia de no lesionarse.

Al fin y al cabo, el problema de las lesiones es que, como hemos ido viendo, paran tu progreso al 100 % y son de lo peor que existe en el deporte. Por ejemplo, si estás empezando a correr y quieres ir más rápido de la cuenta, lo que puede ocurrir es que, en vez de conseguir tu objetivo en tres meses, te lesiones y acabes consiguiéndolo en cinco o seis si la lesión no es muy grave, no te deja dolores y si sigues teniendo ganas de correr cuando estés bien. De lo más importante en este deporte y algo que es lo que más te hará mejorar es la constancia y esta, con una lesión, la perdemos.

Las lesiones te frenan, paran tu progreso, te quitan las ganas y te desmotivan a la hora de salir a correr.

Tipos de lesiones hay miles y formas de lesionarte también, aunque en este caso lo que quiero contarte son varias cosas, empezando por una primera "lesión" frecuente en personas que se inician en el running. Esta "lesión", y lo pongo entre comillas, ya que como tal no es una lesión pero sí es algo que lleva a lesionarte, es el sobresfuerzo o sobreentrenamiento. Pese a no ser una lesión específica, un sobreentrenamiento sí puede llevarte a muchos tipos de lesiones. Estas situaciones se producen al querer ir muy rápido o querer hacer mucho al principio, de tal forma que tu cuerpo no lo tolere o asimile.

Este es un error frecuente debido a que la tendencia del ser humano es querer las cosas ya, y tener ese punto de impaciencia, querer empezar muy rápido a correr o querer mejorar en muy poco tiempo hará que te exijas más de la cuenta y que te entrenes más de lo debido, pudiendo llegar a un estado de sobreentrenamiento. Por lo que evitar este estado es fundamental y, por suerte, sencillo. Simplemente lo que debes hacer es entrenar lo debido, escuchar tus sensaciones y tener paciencia, ya que estoy seguro de que conseguirás tu objetivo, pero es mejor hacer las cosas bien y tardar algún tiempo en lograrlo a querer tardar poco tiempo, que esto te salga mal, te lesiones y te tires muchos más meses hasta conseguirlo. Si haces más kilómetros de la cuenta o si haces entrenos salvajes cada dos por tres, puede que acabes con alguna lesión como fascitis plantar, periostitis, tendinitis, dolores musculares, roturas musculares, fracturas por estrés, dolores y lesiones articulares...

Te voy a comentar algunos síntomas vinculados al sobreentrenamiento para tenerlos en cuenta y conocerlos por si en algún momento de este proceso sientes algo similar. En cuanto a estos síntomas, hablaríamos de una fatiga persistente que te hace sentirte cansado incluso tras periodos de descanso, habría una disminución en el rendimiento, podría aparecer una pérdida del apetito, trastornos de sueño o dificultad para dormir, dolores musculares y articulares con cierta persistencia, irritabilidad y cambios de humor, mayor frecuencia cardiaca en reposo o falta de concentración y motivación. Si algún día sintieses estas condiciones, trata de localizarlo pronto y baja un pistón a los entrenamientos para recuperarte bien. En un estado de sobreentrenamiento la fatiga es mayor y la posibilidad de lesión también aumenta mucho.

No todas las lesiones nacen de un estado de sobreentrenamiento. Hay lesiones que pueden aparecer de un momento a otro o lesiones puntuales, como esguinces o similares. Eso sí, muchas veces las lesiones avisan: si notas algún pinchazo, molestia, sensaciones diferentes... no lo dejes pasar, descansa, si puedes trátalo y ponle atención, no somos inmortales y cuidarnos bien puede suponer un antes y un después en nuestro camino.

Sabiendo esto, ahora te voy a dejar por aquí diferentes formas que puedes poner en práctica para ayudarte a recuperar después de los entrenamientos y, por tanto, de forma tanto directa como indirecta, a prevenir lesiones:

1. **Descanso (fundamental):** No corras todos los días. Yo diría incluso que, si no somos élite o no llevamos mucho tiempo corriendo, un día a la semana sería bueno descansar y lo normal sería descansar incluso dos o tres. Ahora bien, otro consejo enlazado con esto es que nuestro cuerpo necesita descansar para asimilar los entrenamientos, por lo que, si entrenas seis días a la semana, debes alternar los días de alta intensidad y los días de intensidad moderada o baja.

En el atletismo algo más serio, lo que se suele hacer es meter 2/3 días de calidad (entrenamientos intensos) a la semana y 4/5 moderados o sencillos (rodajes), casi siempre solapados, es decir, que lo que no debemos hacer es meter 2 o 3 entrenamientos de calidad seguidos, ya que, además de que el riesgo de lesión es mucho mayor, si enlazamos entrenamientos fuertes, al final, esos entrenamientos no saldrán tan bien como nos gustaría y acabaremos siempre yendo a medio gas o incluso empeorando nuestro rendimiento.

Otra clave, la cual me atrevería a decir que es la más importante para la recuperación y prevención de lesiones, es dormir. Científicamente hablando, lo poco que tiene alta evidencia en cuanto a la recuperación es comer y dormir. Así que, si tienes la opción, intenta dormir de 7 a 9 horas, ten una buena rutina de sueño, es decir, intenta irte a dormir pasado un tiempo desde que hayas cenado, intenta reducir pantallas o aparatos electrónicos un tiempo antes de irte a la cama, intenta tener un horario regular de sueño... Sea como sea, duerme bien, que aquí es donde más diferencia vas a notar, te lo aseguro.

2. **Alimentación (fundamental):** la comida es la gasolina que le metemos a nuestro cuerpo, por lo que una correcta alimentación nos ayudará a recuperar antes, mejor y a rendir mucho más reduciendo la fatiga. La nutrición es otro pilar

básico y altamente estudiado por su importancia en cualquier ámbito de la vida de las personas. Hay que tratar de llevar una alimentación equilibrada y saludable. Hay que consumir frutas y verduras diariamente para asegurar los micronutrientes. El aporte de carbohidratos es necesario (es nuestra gasolina), sobre todo para preentrenamientos intensos. La proteína es esencial para cualquier humano, y más para un deportista. Se estima que en corredores una buena cantidad podría ser en torno a 1.2-2 gr por kg de peso. También es interesante y necesario el consumo de grasas saludables.

Respecto a los carbohidratos encontraríamos alimentos como el arroz, la patata, la pasta... Si nos fijamos en la proteína nos iríamos hacia el pollo, el pavo, el atún, el huevo... Y respecto a las grasas, grandes opciones serían el AOVE, el aguacate, el salmón, los frutos secos... En cuanto a alguna clave para la alimentación, buscaríamos evitar alimentos ultraprocesados, alimentos con azúcares añadidos o harinas refinadas. De vez en cuando darse un capricho para también disfrutar de la comida sería una opción válida. Llevar una correcta alimentación nos puede reportar numerosos beneficios, como puede ser tener llenos los suministros de energía, ayudar en la recuperación muscular, mantener y optimizar nuestro peso corporal, ayudar al sistema inmunológico o reducir el riesgo de lesión...

3. **Estirar (opcional/auxiliar):** cada vez se está viendo y demostrando que estirar no es tan importante como se pensaba e incluso se puede rendir y recuperar bien sin estirar, pero si tienes la opción, podrías tratar de estirar con cierta regularidad, sobre todo si sientes que a ti te ayuda. Si mejoramos nuestra flexibilidad y tenemos músculos más flexi-

bles, nuestro rango de movimiento podrá ser mayor y, como nuestros músculos darán un poco más de sí y su elongación podrá ser mayor, el riesgo de lesión se podría ver reducido. Aunque la flexibilidad ya no es tan importante como se pensaba, pienso que, si a ti te viene bien, sería bueno estirar algunos días a la semana unos 10/15 minutos. Este tiempo sería suficiente.

Antes de entrenar nunca estiraríamos, al menos de forma estática, ya que haciendo esto nuestra fuerza se vería reducida y bajaría nuestro rendimiento. Justo al acabar de entrenar tampoco lo haríamos, puesto que llevaríamos nuestros músculos a otro pequeño esfuerzo, y al venir de entrenar y de ya haberlos desgastado y haberlos sometido a un gran esfuerzo, si juntamos todo, se podría originar una lesión. Sabiendo esto, el mejor momento para estirar sería pasado ya un tiempo después de haber entrenado. Para poner un ejemplo, si entrenas por la mañana, lo mejor sería buscarte un rato para estirar por la tarde. Si no tuvieses tiempo, también se podría llegar a estirar suavemente al acabar el entrenamiento, pero, en este caso, que sea un estiramiento mucho más relajado, ya que en ese momento tus músculos han sufrido un desgaste y estirarlos de forma intensa puede resultar peligroso. Lo dicho: a poder ser, intenta que pasen unas horas desde el entrenamiento hasta que estires, pero si te es imposible puedes estirar de forma más relajada o suave después de entrenar los días donde la intensidad no sea muy alta.

4. **Masajes (opcional/auxiliar):** Ten en cuenta los masajes. Pese a tampoco haber una gran evidencia, los masajes sí podrían tener el potencial de ayudarte en la recuperación, por ejemplo, a la hora de descargar la tensión en tus pier-

nas, reducir el dolor y ayudar a la circulación sanguínea y linfática. Los masajes ayudan a relajar los músculos a través de la presión y favorecen a estimular un buen riego sanguíneo. Estos aspectos podrían ayudarte a recuperar antes tus músculos del tren inferior y a reducir dolores. Esto hará que al próximo entrenamiento llegues más fresco de piernas, por lo que, si tus piernas están menos cargadas, podrás meterle más intensidad al entrenamiento. Ahora bien, si llegamos a un entrenamiento con las piernas cansadas y sin haber hecho nada por intentar relajarlas o recuperarlas, es más probable que pudiese aparecer una lesión. El masaje te lo puedes dar tú mismo algunos días durante la semana. Y de vez en cuando, 1/2 veces al mes, acudir a un fisioterapeuta puede ser una muy buena opción para prevenir lesiones.

En cuanto al tema de los masajes, también podríamos dividirlos en dos tipos, los masajes algo más suaves y los intensos. Dar masajes fuertes recupera y ayuda, pero puede llegar a dejar una pequeña parte de fatiga o a relajar en exceso los músculos, haciendo que en los entrenamientos posteriores parezca más difícil arrancar, por lo que estos masajes se deberían dar en días en los que más adelante no tengamos entrenamientos intensos. Ahora bien, si nos queremos dar un masaje y al día siguiente tenemos otro entrenamiento, está bien, nos va a ayudar a recuperar, pero en este caso es mejor que el masaje sea suave. Podemos darnos ambos tipos de masajes, pero si optamos por uno más intenso, como por ejemplo sería en el fisio, mejor aplicar este tipo de masajes cuando al día siguiente descansemos o cuando en días posteriores los entrenamientos programados no sean muy intensos. Los masajes nos los podemos dar con nuestras propias manos aplicando alguna crema, con un foamroller, con pistola de masajes...

5. **Entrenamientos (fundamental):** Antes hemos hablado de los entrenamientos, y hay dos específicos que te ayudarán muchísimo a prevenir lesiones. Estos son el entrenamiento de cuestas y el de fuerza. En estos se consiguen músculos más fuertes y, por lo tanto, músculos más resistentes. Antes hemos visto que para recuperar y asimilar los entrenamientos lo más importante era dormir y comer bien; pues para prevenir lesiones lo más importante y lo que más evidencia científica tiene es el entrenamiento de fuerza, así que toca ponerse a ello si queremos evitar las lesiones.

6. **Aeróbico/aeróbico intenso o anaeróbico (fundamental):** Hemos hablado ya sobre algo parecido en apartados anteriores, pero en este punto vamos a detallarlo aún mejor. El consejo de este apartado es que alternes entre el trabajo aeróbico (entrenamiento de intensidad moderada, donde se puede ir hablando con facilidad) y aeróbico intenso o anaeróbico (entrenamiento de alta intensidad). Pero aquí el consejo está más bien en que, cuando te toque trabajo moderado, lo hagas de esa forma y no quieras ir más rápido. Ten en cuenta que estos entrenamientos son fundamentales para mejorar nuestro umbral aeróbico, para asimilar entrenamientos fuertes y para recuperar de cara a nuevos entrenamientos intensos que vengan a continuación. Así que varía entre entrenamientos fuertes y moderados y cuando te toque ir a una intensidad sencilla entrena sencillo y no te pases. Muchos corredores, sobre todo los que se están iniciando, cometen el fallo de ir siempre fuerte y esto está mal, de verdad que si algún día quieres entrenar fuerte, vamos a por ello, pero si toca llevar una intensidad moderada, no te pases, tu cuerpo lo agradecerá y tú te darás cuenta con el paso del tiempo de que fue una decisión muy acertada.

7. **Entrenamientos cruzados (opcional/auxiliar):** Si te apetece, haz entrenamientos cruzados. Esto consiste en, de vez en cuando, variar de deporte y hacer ciclismo, natación, fútbol... A veces la monotonía lleva también a un desgaste y haciendo estos entrenamientos damos al cuerpo un descanso tanto físico como mental, ya que, por ejemplo, si corremos cinco días a la semana y un día hacemos un entrenamiento cruzado de natación, ese día ya no vamos a forzar tanto las piernas y reduciremos el impacto, por lo que todo el desgaste acumulado potencialmente mejorará. Para la cabeza también nos vendrá bien, ya que a veces pasamos periodos en los que nos podemos aburrir de tanto correr y variar de vez en cuando nos puede ayudar. Sobre todo al iniciarnos en este deporte, momento en el que no buscamos un grandísimo rendimiento, hacer otros deportes puede resultar en algo positivo.

8. **Terrenos blandos:** Aunque ahora no estés sufriendo de dolores articulares, mientras puedas, intenta correr por terrenos blandos como caminos de tierra e incluso sobre césped. El asfalto es bastante duro y el impacto tras cada zancada es bastante agresivo y mayor que en otro tipo de terreno, por lo que corre por terrenos más blandos. A la larga tus articulaciones te lo agradecerán y las lesiones tardarán más en aparecer.

9. **¡Stop!:** Si te duele, para. Un error habitual que cometemos todos es ser un poco cabezones en estas situaciones y, aunque nos aparezca un dolor, intentar siempre forzar la máquina para acabar el entrenamiento y no dejarlo a medias. Esto es un error, en cuanto notes un dolor fuera de lo común es mejor que pares, descanses y pienses que el próximo entrenamiento te saldrá mejor. Es mucho peor

forzar y que lo que era un pequeño dolor que se hubiese recuperado en dos días acabe siendo una lesión que no se vaya al 100 % en varios meses.

Estos serían los consejos más importantes, aunque hay otros que seguro que te ayudan, como podrían ser que calientes bien antes de entrenar, que te hidrates bien, que tengas buena calidad de sueño, que utilices equipamiento cómodo y que te beneficie...

Por último, para acabar este capítulo quiero decir que las lesiones son algo serio y que no se puede tomar a broma. Con esto quiero decir que si tienes algún dolor o molestia lo observes; si te duele algo, no fuerces, y en cuanto puedas acude a un profesional para evitar cualquier problema mayor. Suelo recibir bastantes mensajes que me preguntan acerca de lesiones o dolores que algunos corredores tienen. A estos mensajes siempre respondo igual: disculpándome de no poder ayudar. Esto lo hago de esta manera porque no soy un profesional en el ámbito de las lesiones y cualquier consejo que te pueda dar alguien que no esté experimentado o que no se haya formado en esa área puede ser peor para ti. Hay personas que te dan consejos según su experiencia, pero cada persona es un mundo, cada uno puede tener dolores diferentes y si te ha aconsejado alguien que no tenga esa formación, es mejor que no le hagas demasiado caso y que antes acudas a un profesional. Cuando digo profesional, principalmente hablo de fisioterapeutas, traumatólogos, osteópatas... pero también de médicos y oficios similares. Estas personas sí que te van a recomendar bien y van a saber exactamente lo que te pasa, te ayudarán y te podrás recuperar de tu lesión más rápido y mucho antes estarás preparado para volver a correr.

Cuídate y tómate en serio las lesiones, primero para prevenirlas y después para tratarlas de forma correcta y conseguir tu objetivo sin pasar por problemas mayores.

RESUMEN

- Cuidado con las lesiones.

- Las lesiones son de lo peor del deporte.

- Las lesiones pueden aparecer al azar, pero hay muchas formas y métodos de prevenirlas; aprovecha estos métodos.

- Entiende que sí puedes lesionarte.

- Si te lesionas ten calma, poco a poco volverás a tu mejor estado de forma y conseguirás mejorar.

- Tómate en serio las lesiones; si notas alguna molestia o dolor, para antes de que sea demasiado tarde.

- Trata las lesiones o dolores con profesionales acordes, no con tu tío que sabe de todo.

IDEA DEL CAPÍTULO PARA LLEVAR A LA PRÁCTICA

En este capítulo es difícil dar una idea como tal, pero lo que te voy a proponer es que comiences desde ya a prevenir lesiones, es decir, que la tarea para llevar a la práctica sería empezar a entrenar la fuerza, a dormir y descansar bien, a comer bien... Y a hacer diferentes cosas y acciones a conciencia para evitar lesiones.

AVISO

Aunque haya formas de evitar las lesiones, están ahí y pueden aparecer en cualquier momento. De hecho, perdón por desanimarte, pero hay una altísima probabilidad de que en tu camino para convertirte en un runner tengas alguna lesión o molestia. Estadísticamente hay un gran porcentaje y personalmente no conozco a ningún deportista que nunca haya tenido una lesión. Sabiendo esto y estando tranquilo/a, lo único que hay que hacer es eso, tener calma. Si en algún momento te lesionas (ojalá que no pase), piensa que igual es porque el cuerpo necesitaba un descanso y, aunque se te venga el mundo encima, recuerda que yo mismo, atletas de élite y muchas personas cercanas se han lesionado de gravedad y ¿sabes lo que ha pasado? Que tras recuperarse de la lesión y seguir entrenando de forma correcta han conseguido mejorar y hacer sus mejores marcas. Así que, sin prisa. Si ocurriese, toca tener calma, recuperarse, pensar que la vida es muy larga y que por perder algún mes de correr no va a pasar absolutamente nada. Cuando puedas volverás a empezar y volverás a alcanzar tu mejor estado de forma, estoy seguro.

10

MÁS CONSEJOS

Compañía

Vamos a empezar hablando de algo que a más de uno le puede gustar y que recomiendo al 100 %, y más cuando estás empezando a correr. Se trata de salir acompañado. Afortunadamente, el running es un deporte social, en el que puedes conocer grandes personas y crear grandes amistades. Este deporte, además, te ofrece dos opciones, la primera, que también muchos disfrutan, es salir a correr solo para despejarte, liberar la mente y estar un poco a tu bola. Esta opción que es más que aceptable, pero también existe otra alternativa: salir a correr en compañía para poder ir hablando y disfrutando. Y es que hay a veces que voy por la calle y me encanta ver a algún grupo de amigos o amigas que salen a correr. Siempre que los veo van felices y con una sonrisa en la cara, y eso no es todo, porque seguidamente pienso que, además de estar pasándoselo bien y afianzando su amistad, están haciendo que el cuerpo trabaje, están ganando en salud, están mejorando su confianza, están controlando su peso y aprovechando todos los increíbles beneficios que te ofrece este deporte.

Creo que ya nos hemos olvidado de la idea de que el running es un sufrimiento continuo y ya empezamos a pensar que es un deporte que puede llegar a ser divertido y que se disfruta mucho. Por tanto, sabiendo esto, ¿por qué no empezar con algún amigo o familiar? Esto tiene múltiples ventajas. Principalmente, se te hará más ameno salir a correr, será mucho más fácil y te divertirás mucho más. Como siempre digo, también el sufrimiento en compañía se hace mucho más ameno.

Al empezar a correr, o para mantenerte en forma, no es necesario sufrir, pero obviamente algo difícil sí que será, por lo que, si vas acompañado, se te hará más fácil. Otro punto a favor es que, si sois más de uno los que empezáis a correr, si un día alguno del grupo está desmotivado, los demás, entre los que seguro que hay alguien que esté motivado, le animarán y le convencerán para que salga ese día a correr. Es más, seguro que en algún momento el que estés motivado/a seas tú y ¡tu obligación será tirar y animar al grupo! Con compañía las experiencias también son más bonitas y se quedan grabadas en tu mente. Además, el compartir los kilómetros que estáis haciendo y ver vuestro progreso de forma conjunta es un proceso muy bonito que seguro que os ayudará a conseguir vuestro objetivo de empezar a correr.

Otro detalle serían los piques sanos, como a mí me gusta llamarlos. Imagínate que un día tu amigo o familiar está más inspirado que tú y al final de una carrera aprieta un poco y te intenta ganar. Esto, si os lo tomáis de buena manera, es muy divertido y es algo que también te ayudará a empujar tus límites y ver hasta dónde eres capaz de llegar. Mantener un pique sano en cualquier deporte es clave, porque habrá una especie de competición divertida en cada entrenamiento que hará que os divirtáis y que os esforcéis siempre un poquito más, siendo esto algo que os ayudará a mejorar antes. Pero repito, pique sano: ir siempre a ganar o a dejar mal a la otra persona es todo lo contrario y una relación así sería una relación a evitar. Un pique insano puede ser hasta peligroso, ya que buscar siempre forzar para ganar a la otra persona puede hacer que los entrenos se hagan a una intensidad excesiva, lo que podría resultar en una... Supongo que ya puedes responder a esta pregunta, ¿no? Efectivamente, en una lesión.

Cuando hablo de salir en compañía, hablo de cualquier tipo de compañía. Lo que antes se me viene a la mente es algún amigo o familiar, pero hay más opciones. Si vas a un club puedes entrenar con compañeros del club. También por muchos parques suele haber grupos de runners, así que te recomiendo buscar en Google o por redes sociales si hay algún grupo de runners en algún parque que te pille cerca. Además, personalmente, amo estos grupos; son aficionados al running que practican este deporte por salud y para disfrutar del componente social, aspectos que son claves para empezar a correr. Y si no encuentras ningún grupo, tranquilo/a, además de que solo puedes salir perfectamente a correr, corriendo también se pueden hacer amigos. Es tan sencillo como atreverte a ir a un parque cerca de tu casa y, si ves a alguien de más o menos tu nivel o que también está empezando, puedes acercarte y comenzar a hablar. Te garantizo que el 95 % de los runners, si los pillas corriendo, van a ser superagradables y van a intentar ayudarte y, si hablas con varios, estoy seguro de que a las pocas semanas o días de empezar ya habrás conocido a muchas personas con las que puedas salir a correr o con las que compartas esta afición. Y que no te importe a qué personas hablas, da igual si son de tu edad o no, si son hombres o mujeres...

Afortunadamente, algo que también he descubierto con este deporte es que puedes aprender y disfrutar corriendo con cualquier persona. He entrenado con chicos y chicas de mi edad, con personas que me sacaban 20, 30 y hasta 40 años y he aprendido mucho de las conversaciones con ellos. He corrido con amigos, con familiares, con compañía que iba en bici... Y siempre ha ido genial, no he tenido ninguna mala experiencia nunca.

Por lo que, para terminar con este consejo extra, insisto en que el running es un deporte espectacular y, si lo haces solo, va a seguir siéndolo, pero si consigues convencer a alguien o conoces a alguien para que te ayude a empezar, pienso que el proceso se va a hacer más rápido y mucho más divertido.

Recompénsate (con moderación)

Empezar a hacer cualquier actividad física es algo por lo general complicado. Aunque tenga increíbles beneficios, es difícil coger el hábito y conseguir prosperar. Para ello, algo que te puede ayudar y hacer que el camino sea algo más sencillo son las recompensas. Recompensas hay de muchos tipos, y justo por eso en el título pongo que tengas moderación, ya que recompensarte puede ser bueno y te puede ayudar, pero, como con todo, hay que tener un control y equilibrio.

Personalmente y siendo sincero, si pienso en alguna recompensa después de salir a correr, me viene a la cabeza la comida. En mi caso, no sigo ninguna dieta estricta, simplemente como de manera saludable, pero de vez en cuando me encanta tomarme algún capricho, por ejemplo, un helado. Con esto te estoy queriendo decir que si sales a correr y te esfuerzas al acabar puedes darte una pequeña recompensa con algún dulce que te guste. Aunque, lo dicho, es una pequeña recompensa, porque con el running seguro que también estás buscando mejorar o controlar tu peso y, aunque por un helado de vez en cuando no pase nada, si cada vez que sales a correr te comes tres, en ese caso no vas a conseguir ninguna mejora respecto a tu físico.

De todos modos, no solo existen recompensas en cuanto a lo que comes, hay muchas otras. Al fin y al cabo, lo que debes buscar con estas recompensas es que salir a correr sea más fácil y divertido, ya que sabes que si cumples, haces lo que debes y acabas tu entrenamiento, después te espera una pequeña recompensa que te encantará. Abro un apartado rápido para decirte que si correr para ti ya es una recompensa en sí mismo, estás entendiendo de qué va el juego y vas a disfrutar un montón más este proceso. Aun así, sobre todo al principio, es normal que no todos los días salgas feliz a correr o no todos los días tengas esa motivación para hacerlo, por lo que la recompensa de después puede venir genial. Otra recompensa que se me ocurre podría ser darte un baño relajante. No sé si tendrás bañera, pero igual eres un apasionado de los baños relajantes con agua caliente; si esto es así, puedes darte ese baño siempre que salgas a correr. Así, una vez hayas cumplido tu entrenamiento, disfrutarás de un momento que te encanta.

Otro ejemplo serían los videojuegos. Imagínate que te encanta jugar a alguno; lo que puedes hacer es decirte que para jugar un rato antes tienes que salir a correr y cumplir con tu objetivo. Una vez lo hagas, cuando vuelvas a casa, permítete echar unas partidas. Algo similar también puede hacerse con las series si eso es lo que te gusta. Cada vez que salgas a correr, al acabar, te permites ver un poco más de tu serie favorita. Así, además de correr y conseguir mejorar, al acabar tendrás una recompensa muy llamativa.

Otro aspecto que a mí también me encanta es el tema de las carreras. Cuando voy a una carrera es como si me estuviese recompensando todo el entrenamiento y trabajo que llevo detrás, por lo que puede que una de tus recompensas sea apuntarte a una carrera. Al final, lo que te recomiendo que hagas es saber y localizar algo que te guste y que lo puedas llevar a cabo cuando acabes de correr. De esta forma también vincularás correr a algo divertido y que te ayudará a salir más motivado. Perdón por ser pesado, pero te repito que la recompensa no tiene que ser exagerada, es decir, puede que al acabar de correr te hayas ganado jugar media hora a tu videojuego favorito, que está perfecto, pero no jugar cinco horas, lo cual sería algo excesivo. Recompénsate con control y este proceso será más sencillo.

Técnica de carrera

En el atletismo también se trabaja la técnica de carrera. Es cierto que correr es un movimiento bastante natural y todos tenemos nuestra forma de hacerlo, pero también es verdad que la podemos trabajar y pulir para mejorar pequeños detalles y reducir, por ejemplo, la probabilidad de lesión o para poder correr utilizando menos energía tras cada zancada y, por tanto, poder correr más. Este apartado es muy visual y es complejo explicar ejercicios o plantear rutinas para mejorar tu técnica de carrera de forma escrita, así que adjunto un código QR de un video que seguro que te puede solucionar algunas preguntas y con el que podrás trabajar y mejorar este apartado.

Técnica de carrera (rutina y ejercicios).

Cómo hacer que correr sea más ameno

En el primer capítulo veíamos que correr lo tenemos que vincular a algo que sea placentero y no doloroso y, para esto, hay distintas formas o alternativas. La clave de este apartado se basa en hacer algo que te guste y que disfrutes haciendo mientras corres. De esta forma, correr te gustará cada vez más y, al final, la propia acción de correr será la que te guste y disfrutes. Al empezar, unir este deporte con algo que te guste puede ser clave para agilizar el proceso. ¿Y a qué me refiero con todo esto? Pues, por ejemplo, al salir a correr puedes salir escuchando tu música favorita; de esta forma, vincularás el salir a correr con tener un rato para escuchar música. Otra opción podría ser oír un podcast. Algo que a mí también me ayuda mucho es correr en la cinta viendo algún video o documental interesante; de esta forma, correr se me hace mucho más ameno. Entiendo que igual tú no tienes cinta en tu casa, pero quizá puedes apuntarte a un gimnasio y correr en la cinta viendo tus series y películas favoritas. Al fin y al cabo, ahora estamos empezando a correr y realmente no importa si es en la calle, en casa, en un gimnasio o en la cinta, la clave es empezar, y si conseguimos hacer que correr sea un rato agradable y divertido, antes empezaremos. Algo que también puedes hacer y que ya hemos visto antes es ir en compañía. Si sales a correr con más gente te garantizo que el tiempo pasa mucho más rápido y te lo pasas mucho mejor.

Calentamiento

Calentar, algo de lo que podríamos estar horas hablando. Es muy importante para preparar el cuerpo, pero a veces se le da demasiada importancia. En el caso del atletismo a un nivel algo más avanzado, la forma de calentar es directamente corriendo, lo único que, en este caso, el calentamiento es a un ritmo mucho más suave que la parte principal o más intensa del entrenamiento. Por lo que, en el caso de estar empezando, como verás más adelante en los planes de entrenamiento, se puede calentar caminando perfectamente. La clave del calentamiento es aumentar las pulsaciones y entrar en calor poco a poco. Después de caminar o trotar a un ritmo muy suave, antes de empezar también te recomiendo hacer algo de movilidad articular. Esto se basa en movilizar las diferentes articulaciones (tobillos, rodillas, caderas, hombros...) para prepararlas para más adelante. Y finalmente, en cuanto a esta parte del calentamiento, cuando ya seas algo más avanzado, antes de comenzar a hacer la parte principal de tu entrenamiento también podrías realizar algún ejercicio de técnica de carrera. De esta forma mejorarás tu técnica a la hora de correr, reducirás la posibilidad de lesiones y correrás con más economía. Algunos ejercicios de estos podrían ser *skippings*, *skippings* rusos, zancadas, compases, carrera lateral... Puedes encontrar muchos más por internet y, lo dicho, cuando ya lleves unas cuantas semanas corriendo, incluir este tipo de ejercicios en tu calentamiento te puede venir muy bien.

Estirar

Estirar es algo que varios corredores hacen, y en este apartado me gustaría darte algunos consejos o información relacionados con este tema, ya que hay demasiada por ahí y no toda es correcta. Algo importante a saber es que cada vez los expertos y la ciencia están dejando de darle tanta importancia a la flexibilidad e incluso he escuchado a algún profesor decir que se está planteando hasta eliminarla como capacidad física básica. Así, si algún día no estiras, aunque encuentres a alguien que te diga que tienes que hacerlo todos los días, quiero que no le des tantísima importancia; si no estiras todos los días no va a pasar nada. Ahora bien, desde mi experiencia personal, al estirar me siento algo más suelto y tener unos músculos flexibles te ayudará, por ejemplo, a aumentar el rango de movimiento. Es decir, si lo piensas, cuando corres los músculos se estiran y se contraen y si tienes unos músculos flexibles podrás estirar más la zancada, conseguir realizar una zancada más amplia y, además, te sentirás con mayor movilidad. Algún beneficio más que parece resultar de estirar es que alivia dolores o ayuda en la recuperación. Por tanto, personalmente sí recomiendo hacer flexibilidad o pequeñas sesiones de estiramiento. Ahora bien, ¿cómo hacerlas? Pues lo primero que te quiero dejar claro es que antes de entrenar es mejor no estirar nunca; esto es así porque está demostrado científicamente que estirar los músculos antes de un entrenamiento provoca una reducción de la fuerza de hasta el 20-25 %, por lo que si estiras en estático antes de entrenar tus músculos perderán fuerza y no podrás realizar tu mejor entrenamiento. Te voy a contar una metáfora para entender mejor esto. Imagínate que tienes un tirachinas; si lo estiras muchísimo, cuando después vayas a lanzar algo con él, no podrás lanzarlo con mucha fuerza porque te has pasado estirándolo y ha perdido fuerza. Bien, ahora ya sabemos que antes de entrenar no debemos estirar, o al menos nunca hacer estiramientos estáticos (algún estiramiento dinámico sí podría realizarse dependiendo del momento). Pero ¿y después? Pues aquí también hay algo de discusión. Yo soy partidario de no estirar al acabar, te explico el porqué. Cuando entrenas, estás llevando a tus músculos a un gran esfuerzo y cansancio físico, por lo que si nada más acabar, cuando tus fibras musculares están doloridas, las llevas a un estiramiento prolongado y las sigues poniendo bajo situaciones de esfuerzo y fatiga, es raro que pase, pero puede ser que justo te lesiones por estirar de más. Ahora bien, lo que sí que podrías hacer al acabar de entrenar es estirar de forma tranquila y poco tiempo para llevar a tus músculos y a tu cuerpo a la calma, pero sin que el estiramiento suponga un esfuerzo extra. Aun así, la mejor opción sería estirar pasadas unas horas después del entrenamiento, cuando tus músculos ya se hayan recuperado y no estén tan fatigados. Este sería el mejor momento para realizar una sesión de estiramiento. En mi caso, por ejemplo, entreno por la mañana y estiro por la tarde o incluso antes de ir a dormir. Un buen estiramiento sería una sesión de unos 10/15 minutos (no es necesario más) de estiramientos estáticos, en la que notes que el músculo se está estirando, pero sin tener que llegar a sentir dolor excesivo.

Recuperarse de un entrenamiento

Si por casualidad no hacías nada de deporte y ahora empiezas a hacer ejercicio dos días a la semana, es probable que a tus músculos, sobre todo a los de tus piernas, les cueste arrancar o estén fatigados y te cueste encadenar entrenamientos. Por suerte, para esto tenemos formas de recuperar, para que puedas entrenar de seguido y llegues a todos los entrenamientos descansado/a y con las piernas listas para poder volver a entrenar y a darle caña. Así que vamos a ver alguna de estas formas, que son diferentes a las que vimos en el apartado de lesiones.

Un gran elemento para recuperar es el frío (crioterapia), aunque las evidencias científicas no acaban de ver resultados claros en cuanto al frío y la recuperación. El frío es antiinflamatorio; esto significa que reducirá la inflamación de tus músculos. Cuando sales a correr, el esfuerzo produce un pequeño daño en tus músculos y, por tanto, una pequeña inflamación; con el frío conseguiremos reducir esa inflamación y recuperar antes nuestras piernas. Además, también tiene un componente psicológico y analgésico (alivio del dolor). Si tuvieses una bañera para hacer inmersiones en agua fría, sería una genial alternativa; aun así, otra forma que es más sencilla para aplicar frío es la ducha, y es que creo que una gran propuesta para el día a día y para ver si sientes que el frío te ayuda a recuperar es, al acabar la ducha, hacer una pasada de unos 3-5 minutos de agua fría (al máximo posible) por las piernas. Esto es algo que personalmente hago y me sienta fenomenal. Otra forma de recuperar muy bien las piernas es, también en la ducha, hacer cambios de contraste. Esto trata de hacer cambios de agua fría/agua caliente en tus piernas. Puedes hacer 3-5 repeticiones y cada cambio puede durar en torno a 1-3 minutos. En estos cambios de contraste sería bueno acabar con una pasada de frío. En caso de tener una bañera y poder utilizarla, podrías llenarla con agua fría y con alguna bolsa de hielos y después hacer una inmersión de cuerpo completo o de una zona específica, como sería meter las piernas durante 5-10 minutos en esa agua "helada".

Otra forma de recuperar, ayudar a reducir la inflamación y estimular el retorno venoso es elevar las piernas. De esta forma haremos que la sangre baje de nuestros músculos y también se reduzca la inflamación. Esto lo puedes realizar después de entrenar: puedes tumbarte en algún lugar y subir las piernas apoyándolas en alguna mesa o silla durante un tiempo. Algo que también puedes hacer es que, si antes de ir a dormir lees o ves un rato la tele, mientras estés tumbados puedes ponerte una almohada en los pies para tener un rato las piernas en alto. Otras formas de recuperación algo más complejas y costosas pero que también son interesantes serían la electroterapia y la presoterapia.

Hay muchos métodos de recuperación, aun así, como ya sabemos, las formas más importantes y de mayor evidencia científica son comer y dormir bien. El resto que hemos comentado o que puedas llegar a encontrarte en tu camino como runner no son buenas ni malas, ni mejores ni peores. Sobre muchos métodos de recuperación hay estudios donde se han visto mejoras, pero estas no son tan objetivas. Por lo que prueba estos métodos o diferentes terapias y si sientes que hay algo que te ayude o que te hace bien para recuperar y para entrenar mejor, comienza a aplicarlo en tu día a día.

Apps para correr

Aunque ya lo hemos visto, te recuerdo que al principio es mejor que no te fijes nada en el ritmo o en los kilómetros que haces. También entiendo perfectamente que si vas a empezar a correr te gustaría guardar los entrenamientos que haces y tenerlos en alguna aplicación. Creo que, en cierto modo, esto puede llegar a ser bueno, porque así cuando cada vez vayas corriendo más y más y vayas mejorando podrás ir viendo y analizando tu progreso. Aquí te voy a recomendar alguna app para correr que te puede venir bien. La que yo utilizo y recomiendo es Strava, una app muy divertida que en parte también es una red social de deportistas donde puedes ver lo que han hecho tus amigos o conocidos. Os podéis dar *likes* o "kudoos", como se llaman en la aplicación. Además, podrás ver tu progreso, los kilómetros que llevas en una semana, un mes o en toda tu vida, y también existen retos a los que te puedes apuntar. Si los consigues, te dan como una especie de medallas. Hay clubes y, por cierto, si te decantas por esta app, puedes formar parte de nuestra comunidad llamada "Ismanon Running Club". Esta app me parece una brutalidad y, además de ver tus entrenos, te lo puedes pasar muy bien navegando por ella, aunque hay otras muy buenas y que no se quedan atrás, como son Runtastic de Adidas o Nike run club. Aunque, si a ti te gusta otra, también puedes utilizar la que quieras. Estas tres son solo las que a mi me parecen mejores, pero actualmente en la Play Store o App Store hay muchas y estoy convencido de que la mayoría funcionan perfectamente y apuntarán tus kilómetros y ritmos al milímetro.

Opinión de los demás

A veces, hay personas que me comentan que les da vergüenza salir a correr o no salen a correr por la opinión de los demás o porque les da miedo lo que los demás puedan pensar de ellos. Si tienes este pensamiento en la cabeza quiero que lo elimines ya, ¿me has entendido? Ahora, sabiendo que esta idea ya está fuera de tu cabeza, te voy a comentar lo que has conseguido y por qué es tan bueno este paso que acabas de dar. Algo que ocurre en todos los lados es que, siempre que empiezas algo nuevo, hay personas que se ríen de ti, no confían en que lo vayas a conseguir o se lo toman a broma. Fíjate, a mí también me pasaba cuando empecé a subir videos sobre running y sobre mi estilo de vida; de hecho, me sigue pasando, pero afortunadamente hoy en día, con el esfuerzo, han ido saliendo las cosas bien y, por ejemplo, ahora estoy escribiendo un libro (la vida da vueltas muy locas). Aunque al principio te dé vergüenza o la gente no te apoye, ten claro que, si eres constante, todo el mundo te empezará a admirar porque empezarás a cambiar tu cuerpo, porque mejorarás tu físico, porque conocerás y explorarás sitios que los demás están desando conocer y, sobre todo, por la disciplina y actitud que vas a desarrollar. Hay personas a las que les da vergüenza su cuerpo o les avergüenza cómo otras personas puedan verlas; esto tampoco tiene que preocuparte, piensa que es muy similar a lo que hemos hablado antes: no todos los cuerpos son perfectos y menos al principio de este proceso si antes no hacías nada de deporte. Si tu vergüenza es tan grande que te impide salir, intenta buscar horas o lugares donde pase poca gente para que puedas disfrutar de este deporte, pero de verdad que no te tiene que dar vergüenza. Tu cuerpo también irá mejorando a medida que vayas corriendo y cada vez te querrás más, tendrás más autoconfianza y esa vergüenza desparecerá en pocas semanas. Todo lo demás tampoco es motivo de preocupación (la ropa que llevas, tu técnica...) y algo que quiero que sepas y que reflexiones es que, aunque tú pienses que las personas están hablando o pensando en ti, pese a que puede que esto sea verdad, pues al final somos humanos y todos lo hacemos, ten claro que pasada media hora todo lo que hayan dicho o pensado se les habrá olvidado porque todos tenemos nuestras preocupaciones y nuestros problemas en los que siempre nos vamos a centrar más que en lo que esté fuera de nosotros. Porque, sí, otro aspecto del ser humano es que tenemos una tendencia al egoísmo y nuestros problemas siempre serán más importantes que cosas externas o ajenas. Te recuerdo que, aunque alguien piense o diga algo de ti (que lo dudo mucho, y si lo hacen es porque sus valores o actitudes son erróneos y tratan de quedar por encima o creerse alguien), la gran mayoría de personas no van a darle importancia a tu presencia, de hecho, cualquier buena persona que vea tu esfuerzo lo valorará y te ayudará. Tú tienes que correr a gusto, pensando en que estás mejorando y creciendo como runner y como persona. Ya verás que cuando menos te lo esperes el resto de las personas te admirarán y te pedirán consejos para empezar en este mundo. Al principio te criticarán, al final te preguntarán y admirarán. Confía en ti, cree en ti y en el proceso.

Compararte con los demás

Este es otro error muy común y que todos hemos cometido, pero, por suerte, aquí me tienes para contártelo, para que te ahorres problemas y frustraciones y para que tu camino sea mucho más feliz y confortable. Recuerda esta frase: solo debes compararte con tu yo del pasado, el resto, no importa. Creo que ya hemos hablado suficiente sobre este tema páginas atrás, pero es que resulta de gran importancia entenderlo, ya que si estás constantemente fijándote en los demás solo te vas a frustrar, porque, sí, algo que también hacemos todos los seres humanos es compararnos, casi siempre con gente mejor que nosotros. Piensa que si alguien es mejor que tú es porque tiene más horas de entrenamiento o una gran genética, ni más ni menos, así que no te centres en ganarle, céntrate en entrenar, superarte a ti mismo y cada día hacer un mejor entrenamiento. Así, cuando llegues a un nivel más elevado, verás que habrás disfrutado mucho más el camino que si te hubieras centrado en entrenar para ganar a alguien. Si te comparas con alguien de un nivel más bajo que tú, te relajarás y no buscarás superarte; si te comparas con alguien de un nivel más alto que tú, te frustrarás y puede que te sobreentrenes en busca de intentar alcanzarle. En cambio, si te comparas con tu yo de ayer, irás paso a paso cada día intentando mejorar un poquito para que, con el paso del tiempo, cada vez seas mejor.

Cinta de correr

La cinta de correr, ¿sí o no? Pues claro que sí, ¿por qué no? Hay miedos y mitos en este deporte y algunos están relacionados con la cinta de correr, pero ahora te voy a explicar qué sucede y cuándo la puedes utilizar. Dentro de lo que cabe, correr es correr, no importa donde lo hagas, en playa, en montaña, en césped, en asfalto, en cinta... Aunque es cierto que en la cinta hay ligeras variaciones. No hay aire, hay más amortiguación, hay alguna diferencia a la hora de correr... pero no se trata de diferencias enormes. Obviamente, es mejor correr en la calle o en exteriores, al fin y al cabo, eso es lo natural, ahí es donde se hacen las competiciones, ahí es donde se ha corrido durante toda la historia. Ahora bien, la tecnología avanza y nos ayuda en momentos como este. Y si tenemos la tecnología a nuestra disposición, ¿por qué no utilizarla? Quiero que sepas que no pasa nada por correr en la cinta. Sí, considero que es mejor correr en la calle, pero no pasa nada por correr en la cinta algunos días. El único peligro de correr en la cinta es que cambies tu técnica o tu forma de correr; es decir, si te subes a la cinta y te agarras a los mangos o cambias mucho tu patrón de carrera, eso sí sería un problema y sería mejor no utilizarla. Ahora bien, si te subes y corres como siempre lo haces, no habría problemas. Asegúrate también de que está bien calibrada para que no te engañes. Si llueve, si hace viento o frío extremo, si un día te apetece correr ahí tranquilamente viendo alguna serie o película... ¡adelante! Como hemos hablado, si correr en cinta te hace la vida más fácil y amena, no hay problema.

Prueba de esfuerzo

Antes de comenzar a correr o una vez ya hayas empezado, algo muy interesante a realizar sería una prueba de esfuerzo. De vez en cuando (una vez al año o cada dos años), realizarla sería lo mejor para asegurarte de que todo está correctamente y que puedes entrenar sin riesgo para tu salud. Esta prueba no es 100 % necesaria, pero sí muy recomendable para asegurarte de que puedes hacer este deporte sin problemas.

Hay laboratorios y centros en prácticamente todas las ciudades. Muchas veces nos lanzamos a hacer cosas o a empezar cosas nuevas sin asegurarnos de que estamos completamente bien. Por lo general y si no hay patologías previas, no debería de haber problemas, pero siempre es mejor hacernos de vez en cuando un chequeo médico para evitar cualquier problema que pudiese ocurrir y que nosotros no conozcamos. En estas pruebas principalmente nos hacen una valoración de nuestro sistema cardíaco, pero también hay pruebas donde analizan nuestra función respiratoria para comprobar cómo funciona nuestro cuerpo y para saber que podemos hacer deporte con total normalidad.

Otros accesorios útiles

Aunque en este momento estos accesorios no sean muy necesarios, a medida que vayas avanzando en este deporte hay alguno que te podría venir genial y que te hará el camino más fácil y divertido. Alguno de estos accesorios, por ejemplo, podría ser un pulsómetro de pecho. De esta forma no tendrás que estar siempre al tanto de tus pulsaciones y será más fácil verlas durante tus carreras y al acabar. Otro accesorio clave sería un reloj deportivo específico para el running. Estos relojes son de lo mejor que hay, ya que te marcan el ritmo a la perfección, puedes ver cuántos km llevas, la distancia, el ritmo, las pulsaciones, puedes ponerte rutas ...

Nutrición

Vamos a por otro aspecto muy importante y de gran relevancia. Este tema también es un tema enorme y difícil de abordar en unas simples frases, pero vamos a tratar de resumir alguna pauta interesante y de posible utilidad. Al estar empezando a correr no debemos obsesionarnos con la nutrición y querer seguir unas pautas muy concretas o exactas, pero sí hay cambios que podemos realizar. Sin duda, una óptima nutrición nos va a ayudar en nuestro proceso de entrenamiento, ya que al final esta será la gasolina que utilicemos. Además, si crees que estás descuidando ligeramente tu alimentación, este es un genial momento para recuperar ese control y también sumar un cambio en tus hábitos que, sin duda, va a ser de mucha ayuda. Para empezar a correr yo me centraría en tratar de llevar una alimentación saludable y equilibrada. Tenemos que ingerir todos los macro y micronutrientes, es decir, comer hidratos de carbono, proteína, grasas saludables, frutas, verduras... Aun así, hay aspectos que son importantes para empezar a correr. Nosotros, cuando hagamos un entrenamiento, principalmente obtendremos la energía por dos vías.

La primera son las grasas saludables y la segunda son los hidratos de carbono. Dependiendo de la intensidad del entrenamiento utilizaremos más una fuente u otra. Si el entrenamiento es suave, como será al principio, sobre todo utilizaremos las grasas para generar energía. Ahora bien, si el entrenamiento es más intenso comenzaremos a utilizar los hidratos de carbono. Conociendo este apartado, ya sabemos que antes de algún entrenamiento fuerte lo óptimo será utilizar una buena fuente de hidratos de carbono, como arroz, pasta, patatas... Para un entrenamiento más suave no sería tan importante esta ingesta de carbohidratos. Y respecto a las grasas, al final nuestro cuerpo almacena muchas y, mientras tengamos un peso óptimo, es muy raro que nos falten las grasas para generar energía.

En resumen, es importante la ingesta de carbohidratos antes de un entrenamiento intenso y para el día a día buscaremos una alimentación equilibrada utilizando buenas fuentes de grasas saludables, como salmón, aguacate, aceite de oliva, frutos secos...

Sin duda, otra clave o necesidad son las proteínas. Los hidratos de carbono son lo que nos da la máxima gasolina, mientras que las proteínas son las que mantienen nuestros músculos y nos ayudan a reparar tejidos y a recuperar mejor. Así que no debemos olvidar nunca una buena ingesta de proteínas, presentes en alimentos como pescado, carne, huevos...

No nos volvamos locos, pero vamos a intentar comer de forma óptima para sentirnos mejor, vernos mejor, entrenar mejor y recuperar más rápido.

Antes de cambiar de consejo, también tenemos que recordar la importancia de la hidratación. La hidratación en el running es un aspecto crucial para el rendimiento y la salud de los corredores. Mantenerse bien hidratado no solo ayuda a mejorar el rendimiento físico, sino que también es esencial para prevenir problemas de salud que pueden surgir debido a la deshidratación.

La hidratación, además, es algo que siempre está presente, es decir, tenemos que darle importancia en el pre-entrenamiento (antes de entrenar), en el intra-entrenamiento (durante el entrenamiento, en especial con temperaturas calurosas) y en el post-entrenamiento (al acabar). Antes de empezar es importante hidratarse para llegar bien al entrenamiento y que no tengamos ningún tipo de problema mientras estemos corriendo ni después para recuperar bien. Después de correr, es importante rehidratarse para reponer los líquidos perdidos. Se recomienda beber aproximadamente 1,5 litros de agua por cada kilogramo de peso perdido durante la actividad. Además del agua, las bebidas que contienen electrolitos pueden ser beneficiosas para acelerar la recuperación y evitar el desequilibrio electrolítico. Si nos centramos en el tiempo de entrenamiento en sí, este apartado podría ser algo más individual para cada corredor, pero sí es recomendable hidratarse de forma controlada durante los entrenamientos sin importar el momento del año. Cada corredor tiene diferentes necesidades de hidratación. Experimenta durante tus entrenamientos para entender cuánto líquido necesitas y adapta a partir de ahí. Tampoco abuses de beber durante tu entrenamiento si te encuentras bien y tu cuerpo no lo necesita, si nos pasamos también puede traer consecuencias negativas.

Hidrátate, pero con control y, sin duda, la mejor elección será el agua.

Suplementación

Entramos en otro mundo en el cual hay muchos estudios, opiniones y productos en el mercado. No creo que sea necesario utilizar ningún suplemento cuando empecemos a correr, ya que con una dieta equilibrada tendremos cubiertos nuestros requerimientos. Además, como el objetivo al principio es empezar a correr, no vamos a encontrar ningún suplemento que en este proceso nos haga el camino muchísimo más sencillo.

Los suplementos, según la evidencia científica, se categorizan en cuatro grupos: A, B, C y D. Los del grupo A son los de mayor evidencia científica, es decir, hay muchos estudios publicados demostrando que ayudan a mejorar el rendimiento y no son perjudiciales para la salud en sus dosis óptimas. Los del grupo D, en cambio, son los que apenas han demostrado mejoras en el rendimiento. Si buscas alguna foto por internet seguro que te aparecen y podrás ver muchos tipos de suplementos, pero aquí me gustaría citar solo alguno del grupo A. Insisto en que no creo que sea necesario utilizarlos hasta que llevemos unos meses entrenando de forma consistente, pero si en algún momento te gustaría probar para ver que se siente o ver si te ayudan, sí que te animaría a hacerlo y ver si encuentras algo que te siente bien.

Los suplementos también son algo personal, es decir, hay personas que sienten que un cierto suplemento les ayuda y potencia su rendimiento, pero hay otros corredores cuya percepción es distinta y no acaban de notar que ese suplemento de verdad les está haciendo mejorar. Sabiendo esto, probar y buscar alguno que en tu caso te ayude puede ser un bonito camino de experimentación. Repito, voy a citarte algún suplemento, pero no quiero en ningún momento que pruebes muchos a la vez o que en ningún caso superes la cantidad que recomiende el fabricante.

Suplementos del grupo A que podrías probar y ver si sientes que te ayudan en tu proceso de empezar a correr:

- Cafeína
- Proteína
- Creatina
- Geles energéticos
- Hidratos de carbono
- Bebidas isotónicas
- Nitratos
- Bicarbonato
- Vitaminas
- Calcio
- Hierro

Escucha a tu cuerpo

Con este consejo cerramos el libro y, sin duda, creo que es el más importante y lo que a ti más te puede ayudar. ¿Sabes quién es la persona que mejor te conoce?

¿Ya lo has pensado?

Efectivamente, esa persona eres tú. Tú sabes cómo te sientes, si un entrenamiento ha sido muy duro, si puedes dar más, si tienes alguna molestia, si estás cansado/a, si tienes hambre, sueño… Como habrás visto, me gusta muy poco dar consejos o planes generales, ya que pienso que habría que individualizar todo, pero como en un libro para todo el público no se puede, aquí es donde llega la magia y donde tú te conviertes en el principal responsable.

Por favor, escúchate, no te pases, no es necesario. Aunque tampoco puedes no hacer nada, te has comprometido contigo mismo a empezar, no falles a tu palabra.

Si tienes alguna molestia rara y crees que lo mejor es parar, para, será lo más sabio que puedes hacer. Si sigues igual te lesionas de gravedad y tienes que parar por un tiempo más prolongado.

Si hay algún día que estás muy cansado/a, descansa. Si paras un día, dos o una semana porque lo necesitas, no pasa nada; eso sí, si te encuentras bien, vamos a entrenar. Y si un día estás muy muy bien, aprieta un poco más. Esos días también existen y están muy bien.

Sé tu propio guía y haz que tus opiniones siempre sean de ayuda y te faciliten el camino, que para ponerlo difícil ya aparecerán muchas cosas externas.

EMPEZAMOS A CORRER

11

VALORACIÓN Y PLANES DE ENTRENAMIENTO

Entramos en la parte en la que te toca ponerte en acción. Esta es la parte entretenida y en la que nos ponemos en marcha a cumplir nuestra meta: empezar a correr.

Si escribo planes de entrenamiento me gustaría intentar hacerlos de una buena forma y, aunque es muy difícil hacer planes generales, sí voy a tratar de que estén bien diseñados y preparados para ti. Aun así, lo mejor sería hacerlos individualizados, pero al crear un libro para muchas personas es muy difícil individualizar o hacer planes personalizados. He visto planes de entrenamiento por internet que están bien, pero que no tienen en cuenta a las personas y simplemente ponen un entrenamiento para todo el mundo. En este caso quiero hacer planes algo más diseñados y, para ello, te voy a pedir una previa valoración para poder escoger el plan y ver el nivel desde el que partes.

En esta prueba no vas a tener que sufrir y es muy sencilla, simplemente trata de salir a correr y ver cuánto eres capaz de correr sin pararte. Después debes ir a los planes de entrenamiento, los cuales varían dependiendo de cuánto tiempo hayas podido estar corriendo en esta primera valoración. Los planes van según los siguientes tiempos: si has podido correr 2 minutos o menos, 2-5 minutos, 5-10 minutos, 10-15 minutos o más de 15. Que no te importe tu nivel actual; has de ser realista eligiendo el plan que te toca y que necesitas, ya que esa va a ser la forma de mejorar y conseguir empezar a correr. Si de primeras ya puedes correr más de 15 minutos, te felicito y debo decir que este libro seguro que te ayuda, pero hay muchos pasos que ya controlas. Aun así, si ya puedes correr esos 15 minutos, toca seguir mejorando poco a poco y pronto poder incluir nuevos entrenamientos y mejorar más el ritmo.

En cuanto a los planes de entrenamiento, si ves que una semana te cuesta mucho hacer los entrenamientos, repite los de la semana pasada hasta que tu cuerpo se adapte. Ve poco a poco, no tienes que ganar a nadie ni es una carrera contrarreloj.

Algo más a tener en cuenta es que, como hemos ido viendo, el plan se tiene que adaptar a ti, pero no tú al plan. Con esto me refiero a que, como verás, vas a encontrar muchos entrenos colocados en unos ciertos días, pero la clave es que muevas los entrenamientos a los días que te venga bien y puedas conseguir tu objetivo.

Pautas generales para entender los planes de entrenamiento:

- Intenta utilizar la opción de tres días para entrenar (podría ser la más favorable).

- Ajusta los días como mejor te convenga intentando dejar al menos un día de descanso entre los días que corras.

- No hay por qué escoger el plan de dos días, de tres o de lo que sea, la clave es que escojas un plan que te sea cómodo y puedas hacerlo entendiendo que puedes hacer cambios. Si decides hacer el de cuatro días, si alguna semana te sientes muy fatigado, puedes bajar al de tres días o incluso al de dos. En cambio, si escoges el entreno de tres días, si alguna semana te encuentras bien, animado y tienes tiempo, puedes hacer el plan de entrenamiento de cuatro días.

- Como veréis, los planes de dos y tres días de entrenamiento a la semana son exclusivamente entrenamientos de carrera con algún entrenamiento de cuestas o de apretar al final. Por esto, podría ser muy interesante probar el de cuatro días a la semana (donde se añaden entrenamientos de fuerza, algo que os ayudará en vuestro proceso) o, aunque sea solo alguna semana, probar a añadir algún entrenamiento de fuerza.

- Coger la opción de dos días a la semana está bien, aunque si pudieses hacer el de tres, mejor que mejor.

- Todo puede variar según tus sensaciones. Si una semana estás muy cansado/a puedes reducir tus entrenamientos (intenta, por favor, mantener siempre dos días al menos). Si alguna semana estás motivado y te sientes bien, puedes aumentar los entrenamientos.

- Las semanas también pueden variar y cambiar. Si una semana ves que no has podido completar los entrenamientos, repítela sin problema hasta que te encuentres bien y puedas avanzar. Ahora bien, si ves que alguna semana se te queda corta o te ha sido muy fácil, puedes probar a avanzar o saltarte una semana. Con los entrenos sucede lo mismo, puedes repetirlos, puedes avanzar alguno, puedes cambiarlos si alguno te es muy fácil o difícil. Todo es flexible, pero eso sí, intenta mantener un poco el plan y no realizar muchas variaciones, ya que puede que te pierdas.

- Aunque veas que alguna semana hay posibilidad de entrenar hasta seis días, por supuesto, es una opción más, pero no por hacer más va a ser mejor. Estos planes de tantos días están para personas atléticas que antes ya realizasen otros deportes y estén en buen estado físico. Como siempre decimos, si te sientes bien, prueba, hay entrenos que te pueden ayudar en tu proceso para mejorar más rápido y para prevenir lesiones, pero sin presión, cada uno a su ritmo y a su nivel.

- Es probable que a medida que avancen las semanas te veas capacitado para hacer otros entrenos o entrenar más días, por lo que a medida que avance el tiempo puedes añadir más días de entrenamiento.

- Disfruta del plan y, si es necesario, cámbialo para conseguir completar tu objetivo final.

- La competición final es opcional, pero te recomiendo también probarla para ver cómo te sientes y para que pruebes lo que es una carrera.

- Como verás, el entreno de tres días es lunes, miércoles y viernes, pero si tienes que cambiarlo, podrías hacer otras opciones como martes, jueves y sábado. O lunes, jueves y sábado. Lo dicho, ajústalo según tus necesidades manteniendo algún día de descanso entre entrenamientos.

- A medida que vayas entrenando tu cuerpo estará más adaptado y preparado y encadenar entrenamientos seguidos no será peligroso.

- Y ya para acabar, tú eres el que mejor te conoces, así que utiliza el plan como guía, pero priorizándote a ti y a tus sensaciones.

PLAN ENTRENAMIENTO 1

SI TRAS LA VALORACIÓN HAS PODIDO CORRER MENOS DE 2 MINUTOS

12 SEMANAS

- ▇ 2 DÍAS DE ENTRENAMIENTO
- ▲ 3 DÍAS DE ENTRENAMIENTO (RECOMENDABLE)
- ● 4 DÍAS DE ENTRENAMIENTO
- ★ 5 O MÁS DÍAS DE ENTRENAMIENTO

Leyenda de iconos:
- 🚶 CAMINAR
- 🏃 CORRER
- ENTRENAMIENTO DE FUERZA FULL BODY
- ENTRENAMIENTO DE PLIOMETRÍA
- ENTRENAMIENTO DE CUESTAS
- MOVILIDAD, PROPIOCEPCIÓN TÉCNICA DE CARRERA...
- RUTINA 10-15' ABDOMINALES

EJ:
- 5 MINUTOS CAMINANDO DE CALENTAMIENTO
- CORRES 1 MINUTO Y CAMINAS 3 MINUTOS, ESTO LO REPITES 3 VECES
- 5 MINUTOS CAMINANDO DE VUELTA A LA CALMA

	L	M	X	J	V	S	D
SEMANA 1	Caminar 5' (Correr 1' Caminar 3')x3 Caminar 5'				Caminar 5' (Correr 1' Caminar 2')x5 Caminar 5'		
SEMANA 2	Caminar 5' (Correr 2' Caminar 3')x3 Caminar 5'				Caminar 5' (Correr 2' Caminar 4')x4 Caminar 5'		
SEMANA 3	Caminar 5' (Correr 2' Caminar 2')x4 Caminar 5'		Caminar 5' (Correr 3' Caminar 3')x3 Caminar 5'		Caminar 5' (Correr 3' Caminar 2')x3 Caminar 5'	Caminar 5' Correr 30'-45' Caminar 5'	
SEMANA 4	Caminar 5' (Correr 5' Caminar 4')x2 Caminar 5'		Caminar 5' (Correr 5' Caminar 3')x2 Caminar 5'		Caminar 5' (Correr 5' Caminar 2')x2 Caminar 5'		15'-30' (movilidad) Abdominales
SEMANA 5	Caminar 5' (Correr 4' Caminar 3')x3 Caminar 5'		Caminar 5' (Correr 4' Caminar 2')x3 Caminar 5'		Caminar 5' (Correr 5' Caminar 2')x3 Caminar 5'	Caminar 5' Correr 30'-45' Caminar 5'	15'-30' Abdominales
SEMANA 6	Caminar 5' (Correr 6' Caminar 2')x3 Caminar 5'		Caminar 5' Cuestas 30-45" subida fuerte, bajada lenta X8-10 Caminar 5'		Caminar 5' (Correr 7' Caminar 3')x3 Caminar 5'	Caminar 5' Correr 30'-45' Caminar 5'	15'-30' Abdominales
SEMANA 7	Caminar 5' (Correr 10' Caminar 4')x2 Caminar 5'	Correr 5' Correr 35'-50' Caminar 5'	Caminar 5' (Correr 8' Caminar 4')x3 Caminar 5'		Caminar 5' (Correr 10' Caminar 2')x2 Caminar 5'	Caminar 5' Correr 35'-50' Caminar 5'	15'-30' Abdominales
SEMANA 8	Caminar 5' (Correr 12' Caminar 2')x2 Caminar 5'	Correr 5' Correr 35'-50' Caminar 5'	Caminar 5' (Correr 15' Caminar 4')x2 Caminar 5'		Caminar 5' (Correr 15' Caminar 3')x2 Caminar 5'	Caminar 5' Correr 40'-1H Caminar 5'	15'-30' Abdominales
SEMANA 9	Caminar 5' Correr 20'-25' Caminar 5'		Correr 5' Cuestas 30-45" subida fuerte, bajada lenta X10-12 Caminar 5'		Caminar 5' Correr 25' Caminar 5'	Caminar 5' Correr 40'-1H Caminar 5'	15'-30' Abdominales
SEMANA 10	Caminar 5' Correr 30' Caminar 5'	Correr 5' Correr 40'-1H Caminar 5'	Caminar 5' Correr 30' aumentando el ritmo los últimos 5' Caminar 5'		Caminar 5' Correr 35' Caminar 5'	Caminar 5' Correr 45'-1H Caminar 5'	15'-30' Abdominales
SEMANA 11	Caminar 5' Correr 35' Caminar 5'		Caminar 5' Correr 35' aumentando el ritmo los últimos 5' Caminar 5'		Caminar 5' Correr 40' Caminar 5'	Caminar 5' Cuestas 30-45" subida fuerte, bajada lenta X12-14 Caminar 5'	15'-30' Abdominales
SEMANA 12			Caminar 5' Correr 45' Caminar 5'			**COMPETICIÓN 5KM**	

PLAN ENTRENAMIENTO 2

SI TRAS LA VALORACIÓN HAS PODIDO CORRER ENTRE 2 Y 5 MINUTOS

🚶 CAMINAR
🏃 CORRER
🤸 ENTRENAMIENTO DE FUERZA FULL BODY
🪢 ENTRENAMIENTO DE PLIOMETRÍA

🏔 ENTRENAMIENTO DE CUESTAS
🏃 MOVILIDAD, PROPIOCEPCIÓN TÉCNICA DE CARRERA...
🧘 RUTINA 10-15' ABDOMINALES

10 SEMANAS

- ■ 2 DÍAS DE ENTRENAMIENTO
- ▲ 3 DÍAS DE ENTRENAMIENTO (RECOMENDABLE)
- ● 4 DÍAS DE ENTRENAMIENTO
- ★ 5 O MÁS DÍAS DE ENTRENAMIENTO

EJ:
5 MINUTOS CAMINANDO DE CALENTAMIENTO
+
CORRES 2 MINUTOS Y CAMINAS 3 MINUTOS, ESTO LO REPITES 3 VECES
+
5 MINUTOS CAMINANDO DE VUELTA A LA CALMA

	L	M	X	J	V	S	D
SEMANA 1	🚶5' (🏃2'🚶3')x3 🚶5'		🚶5' (🏃3'🚶2')x2 🚶5'		🚶5' (🏃3'🚶3')x3 🚶5'		
SEMANA 2	🚶5' (🏃5'🚶4')x2 🚶5'		🚶5' (🏃5'🚶3')x2 🚶5'		🚶5' (🏃5'🚶2')x2 🚶5'	🏃3' 30'-45' 🚶5'	
SEMANA 3	🚶5' (🏃4'🚶3')x3 🚶5'		🚶5' (🏃4'🚶2')x3 🚶5'		🚶5' (🏃5'🚶2')x3 🚶5'		15'-30'
SEMANA 4	🚶5' (🏃6'🚶3')x3 🚶5'		🏔 30-45" SUBIDA FUERTE, BAJADA LENTA X8-10 🚶5'		🚶5' (🏃7'🚶3')x3 🚶5'	🏃5' 30'-45' 🚶5'	15'-30'
SEMANA 5	🚶5' (🏃10'🚶4')x2 🚶5'	🏃5' 35'-50' 🚶5'	🚶5' (🏃8'🚶4')x3 🚶5'		🚶5' (🏃10'🚶2')x2 🚶5'	🏃5' 35'-50' 🚶5'	15'-30'
SEMANA 6	🚶5' (🏃12'🚶3') x2 🚶5'	🏃5' 35'-50' 🚶5'	🚶5' (🏃15'🚶4')x2 🚶5'		🚶5' (🏃15'🚶3')x2 🚶5'	🏃5' 40'-1H 🚶5'	15'-30'
SEMANA 7	🚶5' 🏃20-25' 🚶5'		🏔 30-45" SUBIDA FUERTE, BAJADA LENTA X10-12 🚶5'		🚶5' 🏃25' 🚶5'	🏃5' 40'-1H 🚶5'	15'-30'
SEMANA 8	🚶5' 🏃30' 🚶5'	🏃5' 40'-1H 🚶5'	🚶5' 30' AUMENTANDO EL RITMO LOS ÚLTIMOS 5' 🚶5'		🚶5' 🏃35' 🚶5'	🏃5' 45'-1H 🚶5'	15'-30'
SEMANA 9	🚶5' 🏃35' 🚶5'		🚶5' 35' AUMENTANDO EL RITMO LOS ÚLTIMOS 3' 🚶5'		🚶5' 🏃40' 🚶5'	🏃5' 🏔 30-45" SUBIDA FUERTE, BAJADA LENTA X12-14 🚶5'	15'-30'
SEMANA 10			🚶5' 🏃45' 🚶5'			COMPETICIÓN 5KM	

PLAN ENTRENAMIENTO 3

SI TRAS LA VALORACIÓN HAS PODIDO CORRER ENTRE 5 Y 10 MINUTOS

🏃 **CAMINAR**

🏃 **CORRER**

🏋 **ENTRENAMIENTO DE FUERZA FULL BODY**

🪢 **ENTRENAMIENTO DE PLIOMETRÍA**

⛰ **ENTRENAMIENTO DE CUESTAS**

🏃 **MOVILIDAD, PROPIOCEPCIÓN TÉCNICA DE CARRERA...**

🧘 **RUTINA 10-15' ABDOMINALES**

■ 2 DÍAS DE ENTRENAMIENTO
▲ 3 DÍAS DE ENTRENAMIENTO (RECOMENDABLE)
● 4 DÍAS DE ENTRENAMIENTO
★ 5 O MÁS DÍAS DE ENTRENAMIENTO

8 SEMANAS

EJ:
5 MINUTOS CAMINANDO DE CALENTAMIENTO
+
CORRES 4 MINUTOS Y CAMINAS 3 MINUTOS, ESTO LO REPITES 3 VECES
+
5 MINUTOS CAMINANDO DE VUELTA A LA CALMA

	■▲●★ L	★ M	▲●★ X	★ J	■▲●★ V	●★ S	★ D
SEMANA 1	🏃 5' (🏃4'🏃3')x3 🏃 5'		🏃 5' (🏃4'🏃2')x3 🏃 5'		🏃 5' (🏃5'🏃3')x3 🏃 5'		
SEMANA 2	🏃 5' (🏃6'🏃3')x3 🏃 5'		🏃 5' (🏃6'🏃2')x3 🏃 5'		🏃 5' (🏃7'🏃3')x3 🏃 5'	🏃 5' 🪢 30'-45' 🏃 5'	
SEMANA 3	🏃 5' (🏃10'🏃4')x2 🏃 5'		🏃 5' (🏃8'🏃4')x3 🏃 5'		🏃 5' (🏃10'🏃2')x2 🏃 5'	🏃 5' 🏋 35'-50' 🏃 5'	🧘 15'-30'
SEMANA 4	🏃 5' (🏃12'🏃3')x2 🏃 5'	🏃 5' 🪢 35'-50' 🏃 5'	🏃 5' (🏃15'🏃4')x2 🏃 5'		🏃 5' (🏃15'🏃3')x2 🏃 5'	🏃 5' 🏋 40'-1H 🏃 5'	🧘 15'-30'
SEMANA 5	🏃 5' 🏃 20-25' 🏃 5'		30'-45' SUBIDA FUERTE, BAJADA LENTA ⛰ X8-12 🏃 5'		🏃 5' 🏃 25' 🏃 5'	🏃 5' 🪢 40'-1H 🏃 5'	🧘 15'-30'
SEMANA 6	🏃 5' 🏃 30' 🏃 5'	🏃 5' 🏋 40'-1H 🏃 5'	🏃 5' 30' AUMENTANDO EL RITMO LOS ÚLTIMOS 5' 🏃 5'		🏃 5' 🏃 35' 🏃 5'	🏃 5' 🏃 45'-1H 🏃 5'	🧘 15'-30'
SEMANA 7	🏃 5' 🏃 35' 🏃 5'		🏃 5' 35' AUMENTANDO EL RITMO LOS ÚLTIMOS 5' 🏃 5'		🏃 5' 🏃 40' 🏃 5'	🏃 5' 30'-45' SUBIDA FUERTE, BAJADA LENTA ⛰ X10-14 🏃 5'	🧘 15'-30'
SEMANA 8			🏃 5' 🏃 45' 🏃 5'			**COMPETICIÓN 5KM**	

PLAN ENTRENAMIENTO 4

SI TRAS LA VALORACIÓN HAS PODIDO CORRER ENTRE 10 Y 15 MINUTOS

7 SEMANAS

- ■ 2 DÍAS DE ENTRENAMIENTO
- ▲ 3 DÍAS DE ENTRENAMIENTO (RECOMENDABLE)
- ● 4 DÍAS DE ENTRENAMIENTO
- ★ 5 O MÁS DÍAS DE ENTRENAMIENTO

🚶 CAMINAR
🏃 CORRER
ENTRENAMIENTO DE FUERZA FULL BODY
ENTRENAMIENTO DE PLIOMETRÍA

ENTRENAMIENTO DE CUESTAS
MOVILIDAD, PROPIOCEPCIÓN TÉCNICA DE CARRERA...
RUTINA 10-15' ABDOMINALES

EJ:
5 MINUTOS CAMINANDO DE CALENTAMIENTO
+
CORRES 5 MINUTOS Y CAMINAS 1 MINUTOS, ESTO LO REPITES 3 VECES
+
5 MINUTOS CAMINANDO DE VUELTA A LA CALMA

	L	M	X	J	V	S	D
SEMANA 1	🚶5' (🏃5'🚶1')x3 🚶5'		🚶5' (🏃6'🚶2')x3 🚶5'		🚶5' (🏃7'🚶2')x3 🚶5'		
SEMANA 2	🚶5' (🏃10'🚶3')x2 🚶5'		🚶5' (🏃8'🚶3')x3 🚶5'		🚶5' (🏃10'🚶2')x2 🚶5'	🏃5' 35'-50'	
SEMANA 3	🚶5' (🏃12'🚶3')x2 🚶5'	🏃5' 35'-50' 🚶5'	🚶5' (🏃15'🚶4')x2 🚶5'		🚶5' (🏃15'🚶3')x2 🚶5'	🏃5' 40'-1H 🚶5'	15'-30'
SEMANA 4	🚶5' 🏃20-25' 🚶5'		🚶5' 30-45" SUBIDA FUERTE, BAJADA LENTA X10-12 🚶5'		🚶5' 🏃25' 🚶5'	🏃5' 40'-1H	15'-30'
SEMANA 5	🚶5' 🏃30' 🚶5'	🏃5' 40'-1H 🚶5'	🚶5' 30' AUMENTANDO EL RITMO LOS ÚLTIMOS 5' 🚶5'		🚶5' 🏃35' 🚶5'	🏃5' 45'-1H 🚶5'	15'-30'
SEMANA 6	🚶5' 🏃35' 🚶5'		🚶5' 35' AUMENTANDO EL RITMO LOS ÚLTIMOS 5' 🚶5'		🚶5' 🏃40' 🚶5'	30-45" SUBIDA FUERTE, BAJADA LENTA X12-14 🚶5'	15'-30'
SEMANA 7			🚶5' 🏃45' 🚶5'			**COMPETICIÓN 5KM**	

PLAN ENTRENAMIENTO 5

CAMINAR

CORRER

ENTRENAMIENTO DE FUERZA FULL BODY

ENTRENAMIENTO DE PLIOMETRÍA

ENTRENAMIENTO DE CUESTAS

MOVILIDAD, PROPIOCEPCIÓN TÉCNICA DE CARRERA...

RUTINA 10-15' ABDOMINALES

SI TRAS LA VALORACIÓN HAS PODIDO CORRER MÁS DE 15 MINUTOS

6 SEMANAS

■ 2 DÍAS DE ENTRENAMIENTO
▲ 3 DÍAS DE ENTRENAMIENTO (RECOMENDABLE)
● 4 DÍAS DE ENTRENAMIENTO
★ 5 O MÁS DÍAS DE ENTRENAMIENTO

EJ:
5 MINUTOS CAMINANDO DE CALENTAMIENTO

CORRES 10 MINUTOS Y CAMINAS 2 MINUTOS, ESTO LO REPITES 2 VECES
+
5 MINUTOS CAMINANDO DE VUELTA A LA CALMA

	L ■▲●★	M ★	X ▲●★	J	V ■▲●★	S ●★	D ★
SEMANA 1	5' (10' 2')x2 5'		5' (8' 2')x3 5'		5' (10' 1')x2 5'	5' 35'-50' 5'	
SEMANA 2	5' (12' 2') x2 5'	5' 35'-50' 5'	5' (15' 3') x2 5'		5' (15' 2')x2 5'	5' 40'-1H 5'	15'-30'
SEMANA 3	5' 20-25' 5'		5' 20-45" SUBIDA FUERTE, BAJADA LENTA X10-12 5'		5' 25' 5'	5' 40'-1H 5'	15'-30'
SEMANA 4	5' 30' 5'	5' 40'-1H 5'	5' 30' AUMENTANDO EL RITMO LOS ÚLTIMOS 5' 5'		5' 35' 5'	5' 45'-1H 5'	15'-30'
SEMANA 5	5' 35' 5'		5' 35' AUMENTANDO EL RITMO LOS ÚLTIMOS 5' 5'		5' 40' 5'	5' 20-45" SUBIDA FUERTE, BAJADA LENTA X12-14 5'	15'-30'
SEMANA 6			5' 45' 5'			**COMPETICIÓN 5KM**	

¡Fin de esta bonita historia!

Ojalá hayas empezado a correr o estés en el proceso y lo consigas. Estés donde estés, te mando un fuerte abrazo y mucha fuerza y ¡sé que lo vas a conseguir!

Si te apetece publicar tu progreso en redes sociales, me encantaría que me mencionases (@ismanon) para poder reposteaarlo, verte y animarte. ¡Me haría mucha ilusión!

Y también quiero ver el hashtag:
#10pasosparaempezaracorrer

¡Vamos, sé que alcanzarás tu objetivo!

Marcombo es una editorial especializada en libros técnicos y científicos que cuenta con más de 75 años de experiencia.

Los títulos de Marcombo están escritos por grandes especialistas y tratan materias sobre tecnología, empresa, instalaciones y otros temas relacionados con las ciencias e ingenierías. Asimismo, Marcombo publica libros sobre formación profesional, certificados de profesionalidad y universitarios; materias de siempre y actuales que avalan una rigurosa y dilatada trayectoria editorial.

Marcombo está a su disposición para ofrecerle las mejores obras técnicas, científicas y de formación de ayer, hoy y siempre. Los autores, nacionales e internacionales, comparten su amplia experiencia mostrando tutoriales de contenidos paso a paso, expertos consejos e ideas motivadoras que reforzarán sus conocimientos. Estos libros son una valiosa herramienta con la que potenciará notablemente sus habilidades y conocimientos técnicos.

Queremos agradecer su confianza en los libros de Marcombo. Por eso, queremos compartir con usted diversos regalos digitales de algunos de los temas de referencia. Puede acceder a ellos dentro del apartado Contenido gratuito en www.marcombo.com